心一堂術數古籍珍本叢刊

書名：批注地理四秘全書十二種（三）
系列：心一堂術數古籍珍本叢刊　第一輯　堪輿類　60
作者：【清】尹有本
主編、責任編輯：陳劍聰
心一堂術數古籍珍本叢刊編校小組：陳劍聰　素聞　梁松盛　鄒偉才　虛白盧主

出版：心一堂有限公司
通訊地址：香港九龍旺角彌敦道六一〇號荷李活商業中心十八樓〇五—〇六室
深港讀者服務中心·中國深圳市羅湖區立新路六號羅湖商業大廈負一層〇〇八室
電話號碼：(852)67150840
網址：publish.sunyata.cc
電郵：sunyatabook@gmail.com
網店：http://book.sunyata.cc
淘寶店地址：https://shop210782774.taobao.com
微店地址：https://weidian.com/s/1212826297
臉書：https://www.facebook.com/sunyatabook
讀者論壇：http://bbs.sunyata.cc/

版次：二零一五年五月初版
平裝：四冊不分售

定價：港幣　八百八十元正
人民幣　八百八十元正
新台幣　三千五百元正

國際書號：ISBN 978-988-8266-90-6

香港發行：香港聯合書刊物流有限公司
地址：香港新界大埔汀麗路36號中華商務印刷大廈3樓
電話號碼：(852)2150-2100
傳真號碼：(852)2407-3062
電郵：info@suplogistics.com.hk

台灣發行：秀威資訊科技股份有限公司
地址：台灣台北市內湖區瑞光路七十六巷六十五號一樓
電話號碼：+886-2-2796-3638
傳真號碼：+886-2-2796-1377
網絡書店：www.bodbooks.com.tw
台灣國家書店讀者服務中心：
地址：台灣台北市中山區松江路二〇九號一樓
電話號碼：+886-2-2518-0207
傳真號碼：+886-2-2518-0778
網絡書店：http://www.govbooks.com.tw

中國大陸發行　零售：深圳心一堂文化傳播有限公司
深圳地址：深圳市羅湖區立新路六號羅湖商業大廈負一層〇〇八室
電話號碼：(86)0755-82224934

心一堂微店二維碼

心一堂淘寶店二維碼

嘉慶二季鐫

尹一句註

尹註崔官

筍峰石室藏板

序

催官之文。何為而起也。賴公信以傳之至真。而憫其學術之不見用於世。故立此驚人之文。以發蒙生之耳目。若曰、

之所以義涉而弗獲一遇者。楊

公之救貧也。妙道得行數。

但救貧而已哉。蓋有高出救

貧相萬萬者。庶幾乎吾道之

大行之機無。由是出矜民於

此間當有缺簡

毛西外墨。這俗皆說因遵古本擅改。外多有八山收水圖。俱不准驗。故不刊入。蓋由後人偽編耳。增輯注釋。減自忽正固陋。又以卷帙偏略。

亭二

義理該備。刊之以問世。
亞殆與古宅書。古鏡學書。蓋
傳不朽哉。
嘉慶二季冬月有本書於
筍峯石題

■四隅卦名目 不言四正者，目列子午卯酉地支中也。

乾 陽璣、天廄、亢陽、北極、 坎 從子 艮 天樞、天市、陽樞、 震 從卯

巽 陽璇、太乙、 離 從午 坤 陰玄、元戈、天鉞、 兌 從酉

四神 乾坤艮巽也。 八將 子午卯酉甲庚丙壬也。

三陽砂 丙午丁，三方最吉。 三陽水 巽丙丁，三方有水最吉。

六秀龍 艮丙巽辛酉丁方龍，為六秀龍。 三吉龍 卯庚亥，三方龍，為三吉龍。

八干十二支名目

戊己居中五。故曰八干。

地支

子陽光、　丑天廚、牽牛、牛金、　寅天棓、功曹、　卯阿香、廉貞、陽衡、天命、

辰亢金、罡、　巳天屏、赤蛇、　午陽權、陽精、遊魂、星日馬、　未太常、鬼金羊、亢陰、

申天關、傳送、　酉陽關、少微、昴光、金雞、　戌婁金、鼓盆、魁、　亥天皇、天門、紫微、

天干

甲陰機、天苑、　乙天官、　丙太微、陰樞、　丁南極、

庚天漢、　辛陰璇、天乙、　壬陰權、天輔、　癸陰光、瑤光、北道、

永甯避廟諱
故書甯字

玄龍

催官篇卷之一

賴太素著

江西省吉安府永甯縣尹一句子註

評龍章

催官第一天皇玄龍。剝龍換入天市艮東。陽璇巽少微酉左關局。廉貞外火形也起祖峯重重。

此言玄龍。左旋入艮巽酉。為左關局。玄

納於震。震博艮。是後天入先天。

右閼廉貞卯降樞兌艮酉變換太乙巽東南雄。

此震亥龍右旋火星作祖入艮酉變換到巽為右閼局。

上六句言龍。

艮兌為先天夫婦。震兌為後天夫婦。震巽為先天夫婦。此陰陽變換夫婦相合之義。即龍神博換之輿也。故先天八卦

龍神博換之輿

龍

乾南坤北。為天地定位。離東坎西。為水火不相射。艮西北。兌東南。為山澤通氣震東北。巽西南。為雷風相薄。而後天八卦。震東兌西。離南坎北。乾西北。坤西南。艮東北、巽東南。易曰。帝出乎震。齊乎巽。相見乎離。致役乎坤。説言乎兌。戰乎乾。勞乎坎。成言乎艮。先天後天。夫婦可合觀也。先儒云、長子用事。長女代母。由圖觀之。而中男中女。乃位居天地之正也。嘗考唐虞三代。以迄唐宋。擅首出而作元后者。類多中子矣。堯之兄摯。犬王之長子兄泰伯。武之兄邑考。漢高有嫂。光武兄演。唐有建成。而太宗繼統。宋基太祖。而太宗即位。何莫非坎離居中之理哉。蓋天人物理。消長進退之機。盡包括先天後天二圖之內也。

龍

穴承陽樞。艮乘生氣。或更受穴天皇亥宮。

天皇亥、太微丙為正。向陽樞。穴癸為上龍。

言穴內、或乘艮氣。或受亥氣。或穴癸。或

向丙。則受氣真。立向正。　上四句言穴

四神八將。應位起。三火並秀。三陽沖。

四神、乾坤艮巽。八將、子午卯酉。甲庚丙

壬。有謂艮丙巽辛兌丁震庚者。非。三陽

謂丙午丁。　上二句言砂

雀宮

昆

三

三陽洋。潮。入。庚。震。

三陽有二。上是三陽砂起。乃丙午丁。此是癸丙丁水。三陽朝來。入於庚。或入於外。評水云、三陽水朝歸兌鄉。外庚二位、皆兌鄉也。此一句、言水。

食邑開府應三公。更出仙翁與佛子。蓬萊真境超凡風。

此三句、言應驗。

首言、玄龍左右旋次

龍

言穴氣。次言砂。次言水。次言應驗。其妙用總在太微。正。向。四字。若向下便有不同處。世言催官用法隱秘。其實妙訣即在文字內也。如此章丙龍丙向一局。龍穴砂水。至詳至盡。其應驗毛髮不爽。但催官立論多偏。言一吉龍。即不言其凶處。如亥是也。言一凶水。即不言其吉應。如坤是也。公意原以天机不敢洩盡。俟

砂頭光潤砂脚整齊

得訣者一反三隅吉凶自然不能相掩如此局應驗止說三向究之八將四神砂中大有分別如乾甲子午砂應位其砂頭光潤砂脚整齊應三元及第三公宰輔巽砂應位文章蓋世坤夘庚壬酉應出將軍威制閫外丙砂應出長壽為赦文主無凶禍艮砂出仙翁佛子若帶癸一二分而又有丁砂照向則仙佛長

良龍

壽。而開府食祿者。大數不永。或後嗣蕭條。此亦天地之無全功也。讀催官者。只羨亥龍第一。而不得此中大訣。豈著書者誤人哉。抑亦讀書不解竅者之自誤耳。

天樞艮起祖降兌巽。變艮作穴官位同。

此言艮龍入酉巽。得四神八將砂。三陽水。官位亦同。亥龍。世人不解催官真傳。

酉

止見開卷稱天皇龍。而不知龍之傳變。與砂水之應。位吉凶之効。不同一格。止見陰龍之尊。而不知陰龍之賤。止見陽龍之賤。而不知陽龍之貴。此學者所以走遍山岡。閱盡玄龍。了無証據。視僊官為空文。而詆之誹之者。從茲起矣。可勝嘆哉。

少微酉起祖降樞星。亦主富貴永興隆。

砂水應吉位是
証據即是至訣

酉龍左轉艮右轉巽俱主富貴。
六秀變出紫微局砂水應位官無窮
六秀艮丙巽辛酉丁此言六秀行龍轉
亥入首然至訣總不論六秀三吉及諸
吉凶龍俱要砂水應吉位方能隨位之
大小發達若砂水不應位龍雖合法亦
無證據福力終輕。
六秀行度間震庚三吉受穴文武崇。

四陽卦乾九坤一坎七離三。四陰卦震八巽二艮六兌四。後天八卦之陰陽仍以先天卦數定奇偶定之。

三吉、卯庚亥也。六秀行龍間以卯庚。而轉卯庚亥受穴。此文武並出之龍。凡言三吉六秀。俱從坤卦對宮起貪狼之法言之也。玉尺經龍訣亦同。世俗不識旨要。而六秀三吉八貴止坐陰宮。而不知乾坤坎離陽卦。吉秀貴在陰宮。震巽艮兌四陰卦。吉秀貴都在陽位也。如震卦變上爻為離。壬寅戌為貪狼變挨星八卦。俱以八變而成。此處最宜留心。乾納甲。坤納乙。艮納丙。巽納辛。兌納丁巳丑。震納庚亥未。坎納癸申辰。離納壬寅戌。此納甲爻中應天象也。

二爻為乾。甲為巨門。變初爻為巽。辛為祿存。又變二爻為艮。丙為文曲。又變上爻為坤。乙為廉貞。又變二爻為坎。癸申辰為武曲。變初爻為兌。丁巳丑為破軍。變二爻為震。庚亥未歸本卦。為輔弼。八卦俱以八變而成。貪巨祿文廉武破輔。由此推之。則陰卦之貪巨廉武在陽。陽卦之貪巨廉武在陰。三吉六秀八貴總無定位。催官亦未嘗死執句下也。其死執句下者。皆由偽註誤之也。

陽衡卯起祖降三吉。震庚受穴武應同。

純係卯庚亥行龍。故主武貴。若帶巽辛、則出文臣掌兵權也。看龍如是。取局亦然。蓋震為雷電。庚為威膽。巽辛為文章之府也。

亥山一丈能致富。巽水一勺能救貧。辛山

十丈富相親難養過房異姓人。
亥山一丈便可致富。若同辛山十丈。則
富堪敵國矣。但得亥山力。恐為富不仁。
又不如辛山之富而好禮者也。此等評
論。全在用法合竅爲準。若遇亥辛破局。
辛則乞丐絕嗣孤苦。亥乃虛癆損少也。
巽水一句即能救貧。若逢洋洋洋大潮。其
富貴可勝言哉。然帶巳二三分同來。或

作官

立陽向。亦有冷退之弊。天玉外傳云。乙辰、卯辛、戌乾。砂水破局。有螟蛉異姓之應。故辛山雖富。子嗣則亦艱辛矣。

震庚砂水秀朝位。持節邊疆統卒人。

卯庚砂水合度。主武。

少微酉轉巽還少微。人財昌熾官職卑。太乙癸少微復太乙。亦主文官持彩華。

酉龍過巽轉酉。主人財昌熾。以西金氣

酉巽

酉龍入亥翰苑文人
亥龍入酉清貴
極貧。

頑敎也。然轉巽則能以貴為官。窮覔以金頑故。雖為官亦主卑微。巽龍過酉還巽。主文官彩筆。以巽在東南木火之位。有文。明。之。象。竟以轉酉故。而得官囊豐學。不但以彩筆名世而已。

迢迢西兌入天皇。亥清貴翰苑詩文章。天皇迢迢入酉兌。亦主清貴寒氷霜。

酉亥是金寒水冷之地。故清貴。然酉入

亥龍入艮。富貴非常。

亥。雖清貴猶是金來生水。尚得琴鶴相隨。巢食自如也。若亥入酉。則釜滿塵竈鳴蛙。而清貴寒於冰霜矣。在三合又為木入金地也。

迢迢天皇。亥剥入艮。富貴兼美。芝蘭房。艮為天市垣。財貨貝玉所聚之地。震之先天在艮。亥為震納。為先天。入後天。故主富貴。

十二陰龍
亥巽辛卯
庚未酉丁
巳丑艮丙

天皇天市龍第一。巽辛兌丁官可必最貴
廉貞作祖宗。廉貞作祖為官疾。
世人只羨天皇龍。總因催官篇第一、兩
字誤之也。而不知賴公以催官名篇。二
十四龍獨亥為紫微帝星所在。曰催官
第一天皇龍。所以尊帝德也。非尊亥龍
也。由是巽、辛、卯、庚未、酉、丁、巳、丑、艮、丙、一
總連類並舉。曰開府三公。曰官位同。曰

細看此註云。其實非以陰龍爲貴。實貴陽龍爲賤也。篇內句句。有。活。法可見天机妙訣。在人善悟。

文武崇。曰持節邊疆。曰翰苑文章。曰官可必。曰爲官疾。將十二陰龍之催官。正訣。龍龍指破特未暇言其凶處耳。一則以天机不宜洩漏太盡。一則以文勢無可安頓。不得已。將陽龍之凶處略略點破幾句。又恐於篇名有碍。不得已亦以公侯生官班榮等句。點染題目。其實非以。陰龍爲貴陽龍爲賤也。篇內句句有

巽忌巳丙喜
丙開赦

一活法安得盡訖斯人而告之以天机妙訣也賴公之心亦苦矣。陰樞丙南極丁及天漢庚行龍受穴最榮吉。

丙丁為三陽火為壽星為赦文庚納震有膽識故行龍受穴最榮吉。

天屏巳巽丙同逶迤只主優游富衣食

巳為地戶納于酉巽畏雞巳亦煞黨故

未喜丁丙惡
坤丑喜艮丙
惡癸

巳、巽、丙、同來。只主優游衣食。巽雖能文。為巳、制伏。喜丙、開救。亦能主富。不然則自相剋制。將有冷退隳胎之患矣。

兕牛二氣災害萌。拜禮神佛崇香燈。二煞即兕羊、金牛、獨行豈為吉。宜與丁艮相兼行。丁艮行龍局度吉。男女多疾家豐盈。

自首至此。總論陰龍之美惡。

未兕金、丑牛金多是左道。言獨行則不

十二陽龍
乾甲坤乙
壬寅癸申
子戌午辰
午喜壬丙畏亥
戌

吉未宜與丁同行主壽考然或帶坤主
出尼姑道姑師婆或寡母私通僧道丑
宜與艮同行主發大富不宜與癸同行
主兄弟屠戮女禍隨母改嫁
陽權午軟伏蜂腰起陰權壬砂水來相迎
切忌亥戌來照穴鼓盆戌反覆災相仍
言午龍軟伏蜂腰起脉得壬砂壬水來
迎力可備官但午畏見亥壬與亥交界

壬喜午。與坎癸一卦。故均喜午方砂水秀朝。着眼

若界縫中出亥煞不淨。再會戌來照穴。主災禍。此乃詳言離龍之喜忌。勿誤陽龍為凶多吉少也。

陰權壬坎癸貴精俊。岡勢飛落如流星。陽權午砂水秀朝穴。龍虎抱衛公侯生。

產公侯。由當太陽。以壬輔之。而全要得岡巒精俊。龍虎抱衛。砂水秀朝。當吉位起也。

龍忌懶緩最喜精俊合上節覌之其吉凶逈別矣

坤忌未而喜申亦忌單行

陽權午陰光癸砂水秀陰陽砂拱官班紫。陽光子瑤光癸陰權壬位行龍懶緩生泉泐。陽光單行更高聳孕生六指無猜疑

此言壬子癸行龍砂水秀朝壬儀官若行龍懶緩則生泉泐子龍單行高聳則生六指行龍之凶總在懶緩兩字若精秀則官可必為官疾矣

陰立坤行龍兼鬼氣少亡孤寡兼尼僧。

乾喜同戌行
最忌單行

言坤龍、只喜兼申同行。若兼未則主少亡孤寡僧尼。

陽璣乾單來最凶惡。絶嗣無主墳荆榛。

乾以老六、退處西北。絶無生機。要與戌同行。尚帶先天。少年。生氣。若單行無輔。則主絶嗣。坤若單行、亦同。

魁罡戌辰行龍不堪究。少亡惡逆常爭訟。

山奇水秀穴周密。暫可致富隨伶仃。

辰喜乙丙忌巽
戌喜乾丙忌辛
寅甲。喜雙。行然
寅忌帶艮。甲忌帶
卯破局凶。

戌以夏金。辰以六金。又為天羅地網。若與辛巽同行。主少亡惡逆。縱山奇水秀亦暫可致富。隨有伶仃之應也。若戌乾乙。辰同行。不在此論。

陰璣 甲天梧寅若受穴。痼疾瘋跛人生盲。寅甲行龍穴奇。乃僅可一發人温飽。玉尺經、寅甲行龍。那堪瘋疾纏身。天王外傳。寅甲破局。主瘋跛殘疾。皆目痘背。

以寅帶艮。甲聯卯。方有此應。若寅、甲、雙行。不雜。則楊筠松云。着紫着緋。不着綠。寅甲。水來。逐王尺經、少年蜚聲科第。必是水。來寅。甲。況穴奇巧、但溫飽已哉。且必有魁、元、多、男、之驗矣。讀、催官、總須貴。通。活。法。莫。泥。陳。言。

陽龍懶、緩不須裁。形孤、穴露、生凶災。龍行起。伏。如。萬。馬。陽局周。完。要。諦。雅。

貴通活法

着眼震納庚亥未震畏申為八煞故亥龍見申砂亦凶

自陽權軟伏爭此統論陽龍之吉凶其催官評龍若泥於句下則陰龍吉陽龍凶其實皆各舉一條以發其凡耳如亥龍貴矣若天関照穴定主殺戮之禍若懶緩帶玉穴形孤露亦生凶災余讀至此換一陰字誦云陰龍懶緩不須裁形孤穴露生凶災解此則催官四篇翻案可盡廢幾破賴仙之辟壘登楊曾之堂

龍宜辨其醕醨

着眼艮亥龍之喜忌。丑艮辛酉為醕。先後天相見夫婦相合也。壬子乾戌為

奥。不然吾恐株守死句。都無用處。而嘗神文為欺世。古人豈任其咎哉。

世人只愛龍透迤。不明曲折兼醕醨。天皇亥行龍莫曲折。幾乾權壬氣雜非瑰琉。曲折、最是行龍所喜。又恐不清醕而犯陰陽差錯。加亥陰龍、在乾壬界縫中。左旋丑屬陰艮陽為醕。雜壬屬陽子為醨。右旋辛陰酉為醕。雜乾陽戌為醨。世人只道透迤曲折。而不

醨。取氣不真也。況壬子乾戌屬陽龍。亥為陰龍。轉陽龍。失淨陰之義。催官論淨陰淨陽俱倣此推。

辛為陰璇

艮忌間寅。甲。巽間辰。辛間戌。俱失正氣。

明醨醇之義也。

此以下皆發明醇醨兩字之義。

天市遠迤失正氣。天苑甲天棓寅為深疵。

陽璇巽切忌間亥辰氣。兌庚委曲咸利宜。

陰璇亦忌間婁戌氣。乘氣慎勿差毫釐。

言艮龍遠迤。恐失正氣。一間寅甲便為深疵。巽間辰。辛間戌。俱失正氣也。然龍之醨醇。當明於穴中之乘氣。則不可毫亥龍為主。以乾伴說明去取入用之法。

氂有差。尤宜仔細。慎勿差乘。稍一差乘。便要生禍。

龍辨中抽左右落。吉凶官職定榮削。左落乾亥如雙行。乾多亥少那堪作。右落乾亥、如同行。夾多乾少堪裁度。中抽乾夾如平分。可作行龍穴休鑿。

亥龍。宜中。抽左落。宜夾多乾、少作穴乘亥。氣放出乾。氣亥氣方清。若乾多夾少。

乘氣宜真。平分有二氣混雜之弊。

借壬伴亥。明去取入用法。

則亥氣不清。不堪作穴矣。右落宜亥必乾多。若亥多乾少。則或兼亥氣。或乘乾氣。俱當裁廢。倘裁氣不真。穴亦不堪作也。至乾亥平分。龍中抽二氣混雜。不可鑿穴。

壬亥雙行詳左落。亥多壬少宜紫爵隻行。右落龍不純。壬多亥必家消索。中抽壬亥如平分。轉換真奇莫差錯。

借乾壬雙伴
亥龍。明去取
入用法。

亥壬龍、左落右落。俱要裁度多少。乘氣加挨。毋差毛厘。定有榮爵消索之異。如轉換真穴。則乘氣既醇。自然榮貴。

單行。中抽。爵祿縻。左落亂、頂真龍虧。右抽玉頂為四輔。龍行官旺何須疑。

亥龍單行。中抽。爵祿自縻。如左落、則是乾頂而失之真氣。虧失右抽則玉頂為四輔。行官旺、則失龍摶換。何須疑惑。

艮頂中抽最佳。落丑半吉。是首之處。非指行度。丑艮雙行用法艮多更吉。

艮頂中抽為第一。最喜直龍嫌逶迤。左落丑頂為半吉。右抽寅頂生瘋痍。此艮頂中抽之龍。最喜直出。是在入首之處。非指行度。所以嫌逶迤。左落丑吉。右落寅凶。

丑艮對頂平分出。頴異亦主生光輝。丑艮雙行從左落。丑多艮少生災危。丑艮雙行從右落。艮多丑少榮孫枝。

寅艮龍。宜單乘艮氣。 頂

卯頂喜中抽。忌間甲乙氣。

丑艮雙行俱吉。但艮為少男。天市。其體比丑而更美耳。

寅艮中抽不宜穴。左落艮頂堪扶持。寅艮右落豈為吉。棓星作主生災非。

艮寅不可雙行。寅以箕星主瘋疾。同艮行。為煞曜。而帶廉貞。

震山中落最為吉。若兼甲乙宜深推。震甲雙行犯瘋疾。震乙纔顛螟蛉兒。

午丙切忌雙
行主同祿
辰巽忌双行
辰多則凶

卯山之間甲乙似。亥山之間乾壬夾不
可雜璣權之氣。卯亦不可兼官苑之星、
也。龍脉。水路俱同。
離丙雙行切須忌天。降回祿災暈飛。
午丙雙行。主回祿。
辰巽雙行兆精美空。落辰頂堪嗟吁。
辰巽双行。丙左落之辰頂堪嗟。盖以辰
主伶仃。瘋癲喑啞。痼疾水凶。

辛戌忌双行
辛多則吉
丁山喜單行

辛戌雙行本非吉。左落辛頂多鎡錤。
辛戌兼行。而左落之辛頂堪取。蓋以辛
司文章。元魁翰林。金帛珠翠。
丁山正落始為吉。午未氣雜家陵夷。
丁未兼行亦吉。雜午則凶。
起頂降脉定偏正。他宮做此須無違。
自龍辨中抽左右落。吉凶官職定崇削。
二句、總提、至此。辨明曲折。齟齬。以為取

着眼起頂降脉定其偏正立穴承氣數句生旺墓亦本先師法度見四大長生有可取

氣之大關鍵自亥之醕醨論到戌乾皆以陰陽不雜為主以左右中三落於起頂降脉處定其偏正向立穴承氣方有下手處

衰病絕鄉為福薄死墓濕雜家流離退官生旺胎養位不須更論陰陽比

催官最重淨陰淨陽為此以生旺立言蓋生旺墓亦本先師法度更能比合陰

着眼冠官生旺胎養之龍

陽。則盡美。無疵。然能比合陰陽。為福不無厚薄。故衰病、絶、敗。即遇龍來、醇净。為、福、然薄、死墓龍來、混雜。為禍、更重冠官。生旺胎養之龍。則不須更以陰陽比合亦能發福。

劉伯温、註即律楚材、天星心法云。肅師執泥催官。不明作者心法。而貴陰以賤陽也。眞得净陰净陽之秘者。陽居四維。

兩陰居四正陰陽之妙方得也。
四龍刹換為上吉卦變二三者為希一卦
獨行名專一。
四龍乾坤艮巽四維之龍。案註以艮兑
巽亥為四龍者非。玉幹經曰每龍成六
合專一無生尅變卦皆相生得法應科
名。如乾甲丁亥卯未皆屬木同一卦皆
生在亥故五龍皆宗乎乾。如坤壬乙申

子辰皆屬水同一卦皆生在申故五龍皆宗乎坤如艮丙辛寅午戌皆屬火同一卦皆生在寅故五龍皆宗乎艮如巽庚癸巳酉丑皆屬金同一卦生在巳故五龍皆宗乎巽四龍統括二十四山剝換言變化也龍之行度剝脫換骨不離乎本卦是名纍一剝換入平二卦三卦者為紊亂然亦以相生者吉相尅者凶二

節管一代。一節生旺。一代富貴。一節魁害。一代貧窮。甚至敗絕。古仙以山。推退運。看盡由是也。如乾亥甲卯丁未之木山。自亥方來者、為長生。自丑艮來、為冠帶。自甲卯來、為旺。故亥龍惟喜帝旺卯、作祖宗也。自巳午來、為休囚。自未坤來、為墓絕。即此可以知龍之美惡與禍福之應矣。

嘗慨堪輿家言。每每畧舉一斑。使後之學者莫窺全豹。如四龍註意。正楊公二十四山雙雙起。排定陰陽算。聯珠莫相放之。法。如乾甲丁亥卯未。以順行之甲木。生亥旺卯庫未。言之也。若逆行之乙木則生午旺寅庫戌矣。是寅午戌亦皆宗乎乾。如艮丙辛寅午戌。以順行之丙火言。生寅旺午庫戌也。若逆行之丁火。

則生酉旺巳庫丑、矣。是巳酉丑亦皆宗乎艮。如巽庚癸、巳酉丑。以順行之庚金。生巳、旺酉庫丑。言之也。若逆行之辛金。則生子旺申庫辰、矣。是申子辰亦皆宗乎巽。如坤壬乙、申子辰。以順行之壬水。生申、旺子庫辰。言之也。若逆行之癸水。則生卯旺亥庫未、矣。是亥卯未亦皆宗乎坤。故未坤申同一卦。申、為壬水之生。

申未俱屬坤卦。壬以長生記癸以庫墓記。坤卦。巽艮卦倣此

未為癸水之墓。戌乾亥同一卦。亥為甲木之生。戌為乙木之墓。丑艮寅同一卦。寅為丙火之生。丑為丁火之墓。辰巽巳同一卦。巳為庚金之生。辰為辛金之墓。甲木死午。而乙木生午。丙火死酉。而丁火生酉。庚金死子。而辛金生子。壬水死卯。而癸水生卯。即所謂雙雙聯珠也。其要總在結局處。用羅經格水口辰戌丑

格在癸、脉。用羅經、看乾、坤、艮、巽。如水口格得是辰。卯山起祖之山必乾、癸脉之顛在乾、則知出口之水在辰。大幹數千里不爽。小幹數百里亦削。若小枝小脉。雖出數十里。亦一毫不差也。故水口在辰。左旋之龍。以辛金生子旺申墓辰論。右旋之龍。以壬水生申旺子墓辰論。戌丑未做此。即古仙入山尋水口之訣。

也。故玉尺云。羣流遡歸東北。而坤、申之氣施生。以坤申左、庚右下。同墓於丑也。

正龍落脉無棲遲。棲遲閃側為偽落。亦須造化無參差。

正龍中抽之脉無栖遲。一或栖遲閃側。便有偽氣。恐造化中有參差、故也。

真龍偽落為變局。龍鍾穴的難推移。砂秀。水朝。為。吉助。剥龍。合向。登雲。御。偽行真落

真龍偽落砂
水秀朝應吉位
急用剝龍合
向法扞穴
剝龍合向法
最貴最秘

雖速發但恐換骨有興衰
山間真龍每多偽落局變不一俱以龍
鍾穴的實難推移又得砂秀水朝應吉
位也然後用剝龍合向之法則能登雲
衢而催官不難也合向之法最秘先師
所不敢筆之於書者也偽行真落發福
雖速然推到換骨度上興衰立見也
詳觀砂水空昂秩收放乘氣為真機士圭

測位勿草草。心意消息毋昏欺。龍穴砂水至心。要為君偹賦催官詩。

龍真穴正。詳觀砂水。則官爵之品秩可定。而真机秘妙。要在收真氣。入棺放偽氣出外。然後以土圭測龍穴砂水之方位。慎勿忽意昏欺。草匕看過。以致方位不的。而吉凶不准也。此至心之要。催官詩。偹賦之矣。

賴公催官龍諸以貪狼、巨門、祿存、文曲、廉貞、武曲、破軍、左輔、右弼、九星。在龍神○○之處。辨其吉凶。右空二字。即龍神用法也。從古以來。俱口傳心授。而不敢筆之於書者。誠以洩漏犯譴為戒也。世有貪慕此道之士執贄來學。果得口傳。亦宜珍重。

九星位次。　一白、貪狼坎。二黑、巨門坤。

三碧祿存震。四綠文曲巽。五黃廉貞中。六白武曲乾。七赤破軍兌。八白左輔艮。九紫右弼離。　此天上九星也。其數自一二三四五六七八九。數本天定也。星自貪巨祿文武破輔弼。星亦天定也。以廉貞居中。貪巨祿文武破輔弼。分八宮。位次天然。下卦起星。平洋看龍法也。無極子。挨星本此。

☷

此與六秀行度間震庚三吉受穴文武崇。節註當參看。再合評砂篇坤砂節註參看。細玩則於結局落穴。山谷看龍法楊

九星納甲所屬。艮丙貪狼木。生亥。巽辛、巨門土。生申。乾甲、祿存土。生寅。離壬寅戌、文曲水。生卯。震庚亥未、廉貞火。生寅。兌丁巳丑、武曲金。生巳。坎癸申辰、破軍金。旺酉。坤乙、輔弼土。旺子。

此地下之九星也。以地母卦坤。從上爻變下。氏八變而歸本卦。合輔弼為一宮。以貪巨祿文武破輔。次第變去。其長生與旺

賴二公看龍星。自有會心得心處。

偹
官
屬。則以九星為準。結局落穴山谷看龍法。楊賴看龍星八宮本此。

龍卷終

催官篇卷之二

賴文俊著

尹一勺子註

評穴章

天皇評穴亥

催官第一天輔壬穴。天皇亥氣從右耳接。穴宜挨左微加乾。天皇氣貫穴無泄。四神八將俱朝迎。紫綬金章在前列。

亥龍壬穴。從右耳接亥氣。穴宜挨左。微加乾。則亥氣貫穴。毫無泄漏。又得四神八將砂應位。金章紫綬。如評龍首章之應驗矣。

天皇夾氣射天廄乾星。微挨西獸白虎边加壬行。天廄穴空始為吉。耳受左氣官班榮。

亥龍乾穴。從左耳接亥氣。微挨過白虎

穴

還旋出乾氣加壬。則天廄氣空。而亥氣始得。

天皇氣冲穴北道。癸挨左立穴為樞艮要。稍加乾位細推詳。右脇乘氣母冲腦。

亥龍癸穴。從右脇取夾氣。挨左艮。而稍加乾。則亥氣從右脇入。但腰脇受氣多。犯雜氣冲腦。母冲腦、則雜氣出矣。

天市評穴艮

催官第二穴宜癸天市艮正氣左冲耳。穴挨西獸微加寅。晝錦榮華耀閭里。

艮龍癸穴。從左耳受正艮氣。穴宜挨過白虎邊。棺頭微加寅。於氣線內放出寅氣。則艮氣正貫左耳。

天市行龍太微丙向。氣冲左腧官資旺。陰陽相見福祥來。二樞配合相隨唱。

艮龍丙向。從腰腧受氣。艮為陽樞。丙為

穴

着眼

陰樞。二樞配合。陰陽相見。方可催官。
腧穴在脊中。對臍各開半寸。
大凡取氣。於下棺時。仔細將山頂來脉。
爲穴中棺脚之左。耳右耳腰腧。俱掛氣
線。看清收何氣入穴。放何氣出外。慎勿
艸艸。須要真的。方能發福。故催官評穴。
專論乘氣。爲入用之奧。
壬癸背一面九離。河洛理數無相違。四獸

四垣各正位。五氣順逆相憑依。

此總斷丙、丁二向之美也。壬癸在坎一宮。丙丁在離九宮。故曰背一面九離也。此於河洛理、河洛數、相合無違。四垣者、紫微垣在北。天市垣在東。太微垣在南。少微垣在西。四獸者、青龍、朱雀、白虎、元武也。各正位者。二十四山。惟坐坎朝離之地。則四垣四獸。各得其本位。而五氣

穴

順逆。各得其憑依。公蓋貌貝坐。北朝南之妙。也。王尺經、戴九履一。而天地之中數居尊。與此局相合。

天市迢迢穴陰璣。甲氣冲右耳無透迤。天廚丑微加穴粘左。富貴文武官崇巍。

艮龍甲穴庚向。以右耳乘氣。無少透迤。稍若透迤。則艮氣不真。穴宜粘左。微加丑。則艮氣正冲右耳。

陽樞艮穴坐天官乙星。右腰乘氣多榮名。若得陰璣辛山秀起。含書飫史稱明經。

艮龍乙穴。右腰乘艮氣。若得向上辛峯秀起。最吉。

陽樞為龍向酉兌。右耳乘氣最為貴。穴宜扶左加廚星。丑閥閱榮華定無艾。

艮龍外穴酉向。以右耳乘艮氣。穴宜扶左、加丑邊。

穴

天市行龍向陽璣。巽氣沖左腧通微元。屋潤家肥積金帛。只恐夭折虧天年。

少男脉入長女。有夭折之應。豈非以少男之清俊。長女美麗。與故王尺、亦云。壽算減兮福豐隆也。

陰璣評穴辛

催官第三天廐乾穴。天乙辛行龍左耳受。挨左立穴加少微。酉中男及第紆紫綬。

辛龍乾山巽向。合納甲催官。應中男及第。

陰璜穴酉向東震。天乙氣從左耳進。徵進婁戌位勿加多。巡警小官亦英俊。

辛龍卯向。龍與酉山相尅。局穴周密。縱為官、亦早微。

陰璜辛穴向天市垣。艮氣從左腧排其源。五堂金馬無分到。儒官俊雅多田園。

辛龍艮向。辛為文章。玉堂金馬。亦其分
也。公云無乎到。亦看砂輔水佐何如是
不一格。不必拘。此篇俱在受氣入穴處
講。其應驗、不過略發大凡。既以催官名
篇。故段段俱說入官、字去。蓋處處題目冷
淡也。又嫌官中語句繁冗。故作反說以
見清新耳。玉尺云、或神煞之交橫不一。
砂水之隱見不齊。例難執乎納甲。法莫

妙于變。通。天下固有辛龍艮向。而翰苑馳譽者矣。亦有辛龍艮向。而家徒壁立者矣。玉堂儒官。俱屬無兮到也。又奈之何哉。

陽琁評穴巽

偐官第四穴宜乙。陽琁左耳氣沖入。天官

乙借坐加青蛇。巳禁闕宸宮須夜直。

巽龍辛向。以左耳受巽氣。合陰陽相見。

着眼

納甲配合天乙太乙貴應入直禁闕辰宮也。

太乙巽行龍天屏穴。巳右耳受氣真奇絶。亢金辰煞位勿多加。巨富小貴人英傑。

巽龍巳穴。巽畏酉。巳亦煞黨。尅制巽龍。但以亥向發富而已。此等評論可悟穴中作用之法。

太乙行龍向陽樞。左腰乘氣無差殊。砂奇

着眼

水揖。龍精。異。詩書富貴多金珠。

與龍艮穴。以左腰乘氣。凡穴與龍隅四五位者。以臍腧乘氣。要出得偽氣。無一毫差殊。則乘氣乃的。砂奇。水。揖。龍。精。英。七。字。不論何龍。俱要合。此。

陽衡評穴外

催官第五穴宜甲。陽衡外氣從右耳發。容扶西獸加天官。乙持節邊疆掌生殺。

夘龍申穴庚向得巽亥。未。砂秀水朝垂

持節邊疆。然尤喜酉。方。不。缺。隘。方不陣。

以。不然、亦如李將軍之降敵耳。欲求如

蘇典屬之節凜。亦難已哉。真知此道者。

於點穴時、慎之。

阿香夘東來穴天宮。乙氣貫右耳扆靈安。

微加甲位穴粘左。先文後武榮官權。

夘龍辛向。宜辛上有山。秀美精英。主先

砂水効先

出文貴後出武貴在砂水之取効本先而龍力之發積為後此楊賴為人立坟安宅多憑砂水做作以救目前為先務次後看龍以圖遠久云

天漢評穴庚

催官第六向東震天漢庚氣從右耳進徵加申位多榮名富壓鄉邦衆欽信

庚龍夘向氣從右耳入穴徵加加申位則

放出申氣乃可催官發武貴。詩云富壓
鄉。邦。蓋以申氣未出也。
天漢正向天市 艮氣。氣奔左耳真奇清。徵
加西兑穴粘右。水朝局偹家資盛。
庚龍艮向。庚氣奔入左耳。得水朝局偹。
主家資豐盛。

南極評穴丁

催官第七穴宜坤。南極氣從右耳奔。要使

穴喉未勿貫穴。微加天廣榮家門。

丁龍艮向。氣從右耳入。須防未氣間雜。要挨過午方放棺。使丁氣從棺頭右耳入。未氣在棺頭餘土外過去。乃出得未氣清。收得丁氣的。若以腰受丁氣。則未氣貫耳。而丁氣不清矣。以穴在坤。要使丁氣入。未氣出。大費精詳耳。此法宜。立。視。穴。中。仔細體。認。

南極行龍天皇向。氣冲左耳乃為上穴。挨西猷微加美。未陽權午慎勿毫釐間。

丁龍巳山亥向。中間午字。要収丁氣出。午氣。方好。所以放棺開土。要挨未方。使午氣從棺頭餘土過去。不入穴中。毛厘入棺。便要作祟。

太微評穴　丙

催官第八丙龍乙。氣冲左腀英才出。辛向

太微之龍穴 粘巳氣貫左耳富而巳亥向此丙龍作乙穴辛向巳穴亥向氣貫脊腧英才出貫左耳發富

太微行龍向陽樞艮右腰乘龍無差殊穴宜挾左加青蛇 巳亦主人旺家資富

丙龍艮向右腰乘丙氣要乘得的慎勿差乘午氣入穴但宜挾左加巳出清秀氣

少微評穴 酉

催官第九兌山艮。存耳氣中撫多蔡。略加天乙辛貴龍來。亦主文章典州郡。

酉豚艮向。左耳受氣。略加辛邊。兼收辛氣入穴。則來龍貴。主文章。

金雞 酉來向天門嘯。亥氣冲右耳天廐虛。微加天漢庚水砂朝。少年一舉登科第。

酉氣巳向。要出乾氣。氣為天廐虛。兼收庚

氣。再得砂朝水秀。少年登科。
金雞啼向扶桑東。卯氣冲腦散戲神功。庚
辛受穴始為吉。官職榮華資財豐。
此即楊公開杖葬法。酉龍竟作卯向。犯
氣冲腦散之病。以中頂剛硬。用開杖葬
法。以一棺受辛氣。一棺受庚氣。則氣不
冲腦。
少微正向宜配丁。右腰乘氣官職輕。若轉

天皇脉受穴。右耳受氣公侯生。

酉龍正配丁向。得以右腰乘氣。恐雜壬子氣入。惟脉轉天皇。以右耳收氣。則酉亥氣到。公侯生矣。

催官每章。都帶官字語言。盖由龍龍可以催官。穴穴可以催官。天下林林攘攘。即一命之吏尚少。況公侯乎。無怪乎未得訣者之疑之也。如此章酉脉丁向。正

合催官之意。而又云官職輕。不幾自相
矛盾乎。其實非也。八歸元龍。八歸元水。
其力俱可催官。然又取必於氣。純不雜。
用。法。得。竅。方有准驗。若龍水氣雜。法宜
挨放。倘放挨不清。為力終輕。賴仙反覆
諄諄。示人至訣。而世人自不悟耳。

陽權評 穴午

催官第十穴天貴。丙 陽權左氣 從耳法。徼

加南極丁局周迴。砂水合矩公侯至。

午龍丙山壬向。午氣從左耳注穴。徽挨丁方。局勢周迴。砂水合規。公侯至矣。倘局勢不周。砂水踰矩。受氣雖的。福力終減。

離穴迫迫懸日星。丁穴右耳乘炎精。徽加天貫毛厘位。立見驟富官職榮。

午為日。為炎精。午脉癸向。氣從丁穴右

耳入。挨丙方下。穴。

天輔評穴壬

背一面九乘天輔。氣從右耳為合矩。穴宜挨左加天皇。富貴榮華振鄉士。

壬龍子穴午向。一九解見上。

壬山迢迢穴天艮。天輔氣奔冲右腧。穴左微侵半分亥。富貴聲名響閭里。

壬龍艮穴。右腧受氣。穴挨左微半分亥。

慎勿多挨。挨多則壬氣雜矣。

天輔穴向天官乙星。氣從左腧通元靈。穴宜挨右加陽光。子亦主財賦人英傑。

壬龍辛穴

陽光 評穴子

穴坎陽光右耳通。龍脈真。後生英雄。切忌陽光氣冲腦。家資退落應如掃。

子龍子穴。切忌氣冲腦散。宜從左耳乘

氣。

陽光穴坐天艮垣。氣冲右耳乃為乙。宜挨左加天輔穴。子產六指多田園。

子龍艮穴。右耳乘氣。穴宜挨左加壬。孕生六指。男發富。生女六指、則貧。

陰光評穴 癸

催官十三穴乙戊。坤 陰光後美右耳過。挨加徵就半分月。子富貴便見風流多。

癸龍艮穴坤向。龍神俊美。以子配癸。三氣俱收。風流伊誰可竝。

陰光癸穴坎向陽精。午左耳乘氣不為輕。穴宜挨右微侵午。丑出人英俊資財盛。

癸龍子穴左耳乘氣。則無冲腦之弊。所以財帛豐盛。與上應如桴。異矣。

元戈評穴坤

丁穴迴環局周鎖。元戈耳入氣冲左。穴挨

西獸微加申。龍脈精奇發如火。
坤龍丁穴。評云、龍脈精奇發如火。蓋龍
脈粗頑、則不發也。然龍脈精奇。塋不如
法。亦不發也。故山川之。精奇。生成於地。
取氣之得。脈講究。在人則尋脈取氣之。
道。何可不精求。與。
坎離交極少生氣。老陰坤不交龍不備水。
朝砂秀亦堪誇。坤癸離壬納丁是。

坤龍坤穴是老陰不交。縱水朝砂秀。亦當求癸午壬寅戌山向、下之。方有化育生機也。坤之先天在坎。位坎納癸。申辰。配午、納壬寅戌。故曰坤癸離壬納干是也。

陽璣評穴乾

六陽乾無生甲從乾。氣從脇入非天然。陽局不奇必凶惡。鰥寡絕嗣災害綿。

乾龍甲向。氣從脇入。力足催官。但乾為老亢。退處西北。必得配合。方為有用。或帶戌。亥轉壬。或朝甲。俱可。若局勢不真。必有凶惡。主鰥寡絕嗣。以亢陽之氣。少化育也。

陽璣來龍宜向乙。迤迤左氣從右入。穴宜挟左微侵婁。戌水朝局。俗家豪實。

龍脉乾。作乙向。以坤納乙。配成先天夫。

婦有生機也氣從左来右入微加戌位

又合後天用神

鼓盆評穴戌

戌山迢迢宜向乙鼓盆成左氣奔耳入龍

行起伏向洋朝巨富但恐人殘疾

辰戌庫地主財寶但行龍起伏亦主大

貴驗之往蹟孔墓是戌孫墓是辰且行

龍精英戌乾辰巽主發魁元評云殘疾

亦猶巽宮之犯冷退也。
鼓盆龍向天苑星。甲行龍懶緩災非輕。六
扶西獸細消詳。水朝局備家資盛。
行龍緩懶。無論戌龍。即三吉六秀。亦災
非輕矣。戌龍懶緩。評云、細消詳。家資盛。
倘使精俊。則官可必矣。愚非故作反筆。
蓋戌龍亦實有福力也。於舊墳宅驗之。
方信是論。誠非虛語。

功曹評穴寅

功曹坐艮向元戈。坤左耳乘氣無偏頗。微

加甲位局周全。龍脉精奇發如火。

寅龍艮穴

功曹正向天關星。坤龍脉顛巽穴堪親。砂

水不偹總凶惡。寡母怪疾多生嗔。

寅龍寅穴申向。砂水不偹總凶惡句。此

二十四山向總評也。龍穴之發福大小。

着眼認真。此註是扦穴入用。真正法竅。

為禍輕重。總取證於砂水。局僃。若砂水不僃。龍真穴的。力量終輕。非重砂水也。乃龍穴之末。結佾耳。龍穴結作。亦惟砂水。是憑。蓋由天地間有怪龍。怪穴。無怪砂水也。故飛砂走水之所。雖龍穴如畫。亦各花穴。假形。在砂凝水聚之場。即龍穴隱。微。斯稱鬼。秘。神惜。

陰璣評穴甲

理氣富於形勢宜細心記真

陰璣穴巽向乾峰氣從右脉家興隆左右不交龍失度鰥寡瘋疾動瘟風。失度之龍即甲配乾向亦不免鰥寡瘋疾。蓋理氣本寓於形勢也。

陰璣起伏龍向坤左耳乘氣福無窮宜穴粘左微加寅龍奇局鎖方堪用。甲龍坤向以左耳乘氣穴粘左加寅然行度甲龍局俱要合法評云龍奇局鎖

着眼會心

方堪用。蓋龍、不竒、不堪用。龍竒局、不鎖、
亦不堪用。龍竒局鎖。乘氣、不眞、亦不堪
用。故形。勢。理。氣。是合。一。之事。篇中、講理。
氣。總不。忽。略。形。勢。意固有所在也。

穴金評穴 辰

亢金穴癸向陽機。乾氣從右耳為合矩。天
官乙微用穴粘左。巨富但恐無期頤。
辰龍乾向。合龍上天門之格。取得辰氣

着眼默會

真砂水從天柱方拱照主壽無期頤者以辛砂水秀而天柱低也
亢金待度向元戈　坤左腧乘氣力比和　天官微加穴挨左龍要精奇局要鎖
凡講理氣總取必於龍奇局鎖評語再三丁寧使人於形勢講究精切然後理氣有安頓處即如乘氣之法亦在巒頭上分清引氣入穴非憑空指為收某氣

入放某氣出也。
天常評穴未
未山起伏龍向艮太常。未氣■右耳邊穴。
挨左位帶丁來左道榮華人貴顯。
未龍坤穴兜金隷未主左道邊穴收其氣。
雖貴顯出人信崇求佛。
天関評穴申
天関龍坐天漢星庚氣從右耳須細尋微。

加天鉞坤輔龍行。水朝局瑣人財盛。

申龍穴庚向甲

申山局向瑤光宮。癸左耳垂氣力為重元。

戈微加穴居左。龍蹲虎踞家資榮。

申龍穴丁向癸

赤蛇評穴巳

赤蛇頭向天門北。直來直向神功烈。巽丙

受穴最為良。富貴榮華人英傑。

巳龍巳穴。直來直受。向亥。或向乾。或向壬。作癸丙穴。

天廚評穴丑

金牛走向太微垣。丙氣奔左拜龍脈全。陽樞艮徵加穴粘右。水朝局鎖。多田園。

丑龍壬穴

天廚龍向南極星。丁左氣冲耳資財興。穴扶西獸。加。陽。樞。富貴人欽左道靈。

丑龍癸穴。多生左道。術多靈驗。雖大富

大貴。身精異藝。

天官評穴乙

天官坤向穴天市。艮氣奔左腧乃為利。亢

金辰微加穴粘右。亦主富貴人招贅。

乙主娼妓繼贅。

評穴總訣

氣從耳入官易期。氣從腰腧官應遲。耳腰

乘氣有多寡。乘氣慎。勿差毫厘。
從耳受氣、出煞易。乘氣快。腰受出煞難。
乘氣緩。蓋山頭橫來。易犯陰陽差錯。腰
腧受得真氣。恐耳邊雜入偽氣。是真氣
未到。偽氣先入。故曰宮應遲也。山中慎
勿差毫厘。賴仙諄諄示人。甚言乘氣為
急。所先務也。

催官取氣之法。以淨陰淨陽納甲為主。

淨陰淨陽其原本於洛書奇數為陽耦數為陰易曰陽卦奇陰卦耦是也以先天河圖之卦氣主後天洛書之方位先天之乾南坤北離東坎西原居洛書一坎三震七兌九離之宮此以先天之乾坤坎離從後天方位一三七九之奇數為陽以先天之震巽艮兌從後天方位二四六八偶數為陰又以先天卦氣從

先天卦氣從洛書奇偶所分該分之陰陽而仍歸於後天四象五行八卦之宮此先後互變以先天理數在後天方位分陰分陽也

洛書奇偶所分之陰陽。而仍歸於後天。四象。五行方位。八卦之宮。此先後互變。以先天理數在後天方位分陰分陽也。再以地支從八卦中之四象調合而分陰陽。如離本先天之陽也（離東三數）。後天位居正午。為正南火位（壬寅戌後天火位）。隔八相生。三方調合者。寅戌也。故寅戌二支。亦從離卦而為陽也。坎亦先天之陽也。後天位居正子為正北水神陽八相生三方調合者申辰也故申辰二支亦從坎而為陽也震本先天之陰也後天位居正卯為正東木神陽八相生三方調合者亥未也故亥未二支亦從卯而為陰也兌亦先天之陰也後天位居正酉為正西金神陽八相生三方調合者巳丑也故巳丑二支亦從酉而為陰也此以地支從五行四

象。三合之卦。而兮陰兮陽也。
八干納甲。其原定於太陰。故每月合朔
後。哉生明。自初三至初七日。入戌時。人
向南方。將羅經盤起。仰觀於天。月明一
分。一陽下。二陰上。象震卦。戌時在庚方。
故震納庚。每月上弦。自初八至十二日。
入戌時。仰觀於天。月明二分。二陽下一
陰上。象兌卦。戌時在丁方。故兌納丁。每

月將望。自十三至十七日。入戌時。仰觀於天。月光盡明。三陽俱足。象乾卦。在甲方。故乾納甲。每月望後。哉生魄。自十八至廿二。卯時出日。仰觀於天。月暗一分。一陰下二陽上。象巽卦。卯時在辛方。故巽納辛。每月下弦。自廿三、至廿七日、出卯時。仰觀於天。月暗二分。二陰下一陽上。象艮卦。卯時在丙方。故艮納丙。每月將晦。自廿八至次月初二。日出時在外。人仰觀天。月光盡晦。三陰全備。象坤卦。在乙方。故坤納乙。離為太陽。至尊之卦。施光於月。以運變六卦。中爻屬陰。故卜易納己。羅經無己土位。後天居南乾位。遂以乾所納之外卦。天干壬水。納於離。坎為太陰。為月本體。中爻屬陽。故卜易納戊。羅經無戊土位。後天居正北坤位。

着眼

遂以坤所納之外卦天干癸水納於坤此天干之陰陽又從卦氣納甲而分者也。用法在入首之一節二節脉脊上格之二十四位係何一位或陽或陰或先天媾合或後天雌雄宜單受宜雙行或純或雜推其星位之吉凶貴賤以明棄取為穴後用卦氣收山出煞之一端也。

自卦理言乾坎震艮陽也坤離巽兑陰也自卦數言乾坤坎離奇也震巽艮兑偶也是故乾兑出自老陽坤艮成於老陰離震變自少陰坎巽化自少陽真陰真陽有對待相配之妙其雌雄交媾即寓於先天八卦老少陰陽三卦隻隻起之中也蓋北來之山先天是坤南來之水先天是乾西來之山先天是坎東方

之水。先天是離。如此山水相見。方為得配。方是先天八卦。縱橫妙用。催官非遺此理。特欲精究其數。嘗於暇日。詳味納干納支之義。坎離震兌。統攝十二地支。干納壬癸庚丁。而乾坤艮巽。止納干。內甲乙丙辛。而十二地支。將不能分應乎。不知乾坤之左右。為戌亥未申。巽艮之左右。為辰巳丑寅。一乾也。而戌亥隸焉。

壬申壬子壬辰。乙亥乙未乙卯、坤宮吉日年月。戊申辛未壬戌辛亥、主凶。庚申庚子庚辰。癸巳癸酉癸丑、巽宮福日年月。丙辰己巳庚午己未、為巽宮凶日。丙寅丙午丙戌。辛巳辛酉辛丑、為艮宮吉福年日。壬寅丁丑丙辰丁卯、為艮之凶日。

戌之三方、調合寅午。亥之三方、調合卯未。乾之三方、調合甲丁。甲丁之對宮。為庚癸。庚癸戌亥之對宮為辰巳。是甲戌、甲寅、甲午。丁亥、丁卯、丁未。庚戌、癸亥、甲子、癸丑。俱為乾宮、為福為禍之年命。與見吉見凶之歲月日時也。餘宮倣推。

乾甲丁。坤壬乙。巽庚癸。艮丙辛。俱係隔八相生。與地支隔八相生。三方調合。正同

二卷終

跋

堪輿家有說體之書，有入用之書。二者須當分別觀之。如黃石公青囊、白鶴、青烏、郭子葬經等書，則體用兼備矣。若曾公序、楊公奧語、寶照、天玉内傳、疑龍、撼龍等書，則說體處多，說用處少。若陳華山天玉外傳、玉尺經、賴太素催宮篇等書，則全在入用處言之。炳炳此數古書，皆堪輿正派，獨恨神文昭著。人皆口口傳誦。妙訣隱微。誰是心心知意。走四方以求豐衣美食者。既乏師承。操三寸以註斷簡殘編者。又鮮慧識。後儒莫測宗旨。無所依歸。橫議林立。聚訟紛如。此是彼非。此非彼是。互有軒輊。都無是處。真道學所以不傳於千古也。其實三代而下。青囊葬經。為地理之權輿。天玉內傳。究龍穴之變化。天玉外傳。極砂水之神。

功楊曾廖賴新傳的係一派。玉尺奧語議論總無二致。世有得青囊之奧者用青囊以作囊括，不必毀玉尺為不驗之經；得玉尺之奧者用玉尺以為尺度，不必詆寶照為無用之學。但恐學之未真，得之未至，而以假挨星、假大卦、假城門種種謬妄，則青囊玉尺之義俱晦也。嗚呼，余茲懼矣。一句有本氏書於笥峰石屋。

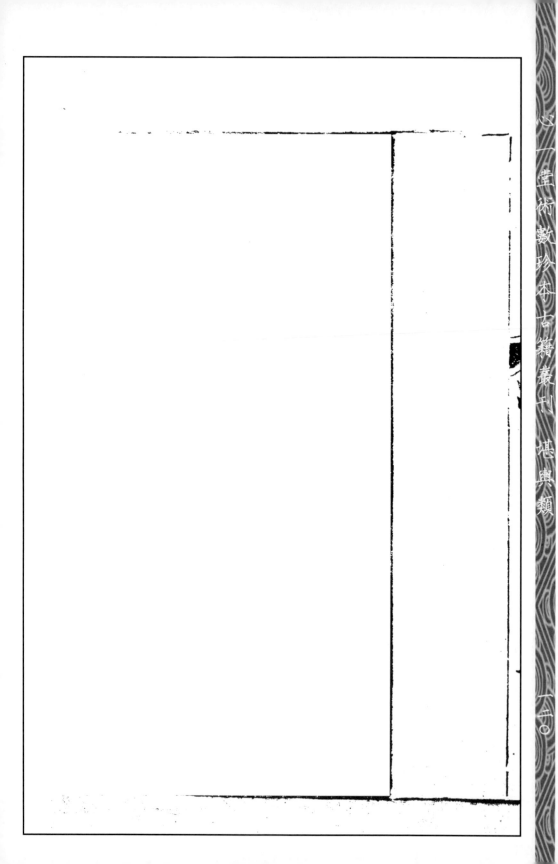

統論四維砂

砂

催官篇卷之三

賴太素著

尹一勺子註

評砂章

催官之砂惟四維雲霄屹立官爵強四維峰低疊疊起千翁萬箱耀州里奇峰列秀有三角黃金白玉尚奢侈若還有路破峰巒官事相連敗田地四神烏石生點駁家

業終須見蕭索。

以上統論四維砂。　言四維乾坤艮巽之砂。高大精俊。屹立雲霄。砂高大則官亦高大。若四維低小。峰巒叠叠而起。則千倉萬箱。富耀州里。不能為官。縱為官亦低小。苟峰三角。黄金白玉。是缺乾角。或巽角。艮主貝貨。故稱白玉。坤為地母稱黄金。若不缺巽角乾角。又當從巽乾

乾甲砂

砂

新驗路破峰巒烏石點駁不論何砂俱忌○或曰三角謂艮坤乾也巽為地戶宜開艮有成始成終之義乾為天門坤為地母俱不可缺陷也

一璣統天秀入雲龍頭獨步黃金門若見低圓正而壓定主科甲在前列亂峰低小富豪翁暢璇峻峙美無窮巽峰峻峙璣入雲霄生宰輔龍真局備造化工定登台省

位三公。
賴公言砂總分三等。其評斷亦分三等。如此段評乾宮砂首言統天入雲是第一等高者。次言低圓正麗。是中等高者。次言亂峰低小。是為下矣。曰龍頭獨步曰科第前列。曰世登要路。曰生宰輔登台省。位三公。則以乾為天。為八卦之首。甲爲天干之首。乾甲之氣。總不作第一。

砂

人也以乾甲撥貴則科第前列仕登要路以乾甲撥富則蓋鄉素封以乾甲撥賤則強盜頭目以乾甲撥貧則窶無一銖全在秀入雲圓正壓穴六字看得透則撥得動而應驗聯聯不爽毛髮若亂峰低小則具乾甲之氣而乏乾甲之體雖為官亦不大為富亦不厚必合形體而理氣一總貫串言之其要則取必於龍

巽辛砂

真局備造化工也
獨有璇峰巽辛巙然起經略之士端可擬
叅軍司務小岺巒低員方平富而已一峰
秀出一登科雙峰兄弟同科舉遠峰列笋
天涯外文與韓柳争齊名外朝砂水外孫
貴年子廊廟為官清更主如花女人貌夫
勳子孫承恩榮陽璇巽低伏陰璇亦偉亦
主亞榜稱明經

砂

以上評巽辛砂。　巽辛、司文章。巽為長女。主男女貌美、言能真局備。得巽辛峯巍然特起。出衆峯之上。若是小峯巒不過參軍司務。或低員方平。則不能偕官。只是富而已。然果合員平方三字。多主美貌妻室。貞潔好女。而且富而好禮。又或一峯秀出。主一人登科。雙峯秀出。兄弟同科。峯如列筍。天涯。則文章與韓歐齊名。外朝砂水外孫貴。是天機。宴在外。者。女嫁豪門。或女作宮妃。若天机。姿如在內。則男尚宮主。文章蓋世。是在善用之而已。

坤砂

元戊坤卓拔旗、旄、樣。定出將軍女為將。一峰端拱正如圭。三甲之中應及第。如旗斜欹不端嚴。巡警小官亦英銳。亂山低小鄙衙職。山名地母無[illegible]失。如或缺陷水衝去。定

砂

以龍穴為去取龍神帶得四金行必主寡婦并僧尼。

以上評坤砂。坤為元戈。為老陰。有砂如旌旗。主出將軍。遇乙離二龍來。有坤砂如旗。主女為將軍。以坤納乙為老母。離中女。配先天之坤。為天地定位。故主女將。遇乾癸二龍來。坤砂如旗。主男為將軍。以乾配坤。為老父。癸在先天坤位。

納於坎為中男。故主男將。一峰端拱。三甲及第。玉尺云、坤母峯高。華題名于榜尾。此云、三甲及第。蓋以地道無成而代有終也。然易曰、至哉坤元。萬物資生。坤亦以元稱。豈定作榜尾人乎。故端拱如圭。亦有及第作元之應。但或以老年發達。以合有終之義。未可知也。如或峯不端嚴。及亂山低小。則出巡警都衙小職。

着眼

坎龍、坤方挨為破。乾龍、挨坤為祿。離挨坤為文。震挨坤為廉。此山谷看龍法。楊賴看龍星。入官妙奥。

然凡地此方總不宜缺陷以坤厚能載物也若此方缺陷亦以龍穴明其去取或坎龍或乾震離龍此方為破祿文廉（坎乾離震）凶或辛下穴此方為剋煞凶明得辛丁穴向坎離乾震來龍則坤方之宜起宜陷其去取可知矣然坤缺陷或低或平或凹或路或水或風俱宜明其去取其禍福立應去取二字是龍穴砂水總訣

艮丙砂

也。龍帶四金言坤帶未也。主出寡婦僧尼。

陽樞艮如筆列三台。三台齊秀催官魏與國為姻食天祿。一峯獨秀黃甲魁。若然小峯積金帛。被石點破催官額。陽樞低伏陰樞丙聳。亦主食祿無疑猜。四神八將應位起。龍真穴的齊盧崔。

以上評艮丙砂。艮為天市。為少男。砂

着眼

三陽
丙午丁砂

如筆列三台齊秀或一峯獨秀俱主黄甲魁首與國為姻若止小峯但積金帛而已凡好砂被石點破則不潤澤決不發福凡地龍真穴的四神八將位應者方俱主食天祿何但艮丙與

太陽正火當星馬丁丙柳張更無價

午為太陽星日馬主之又得柳土獐張月鹿齊起真是無價之地

遶

巳砂

卯笏居西

名金笏金

赤蛇巳遶卯如圓平。腰卯斗大才縱橫。

天王外傳。巳為赤蛇。有卯員平。主貴。此云遶卯。必得水纏遶。主大才縱橫。然巳為地戶。不宜閉塞。又為長生之地。陰龍此方有砂閉塞。主女人不生育。陽龍此方有圓墩。主喃胎。或吉或凶。是在善為消詳。

卯笏居西最為貴。樞艮璇癸丙丁生公卿。

卯光喜艮
丙丁砂朝出
公卿
寅甲砂

卯笏居艮。名金笏金印。遇艮丙丁砂朝水湧。生公卿。亦必然也。

卯居寅甲出師亞甲。萇獻聽樗蒲聲。

卯居寅甲。歷觀古来名墓。有出師亞者。亦有腰懸金印者。總看用法何如。天机妙訣。從来秘密。令亦不敢指破。但就寅甲言。則如玉尺經云。少年蜚声科第。必是水来寅甲。此用寅也。用甲。則寓瘋魔

子癸丑
離　砂

魚袋砂居
酉為全魚袋

之疾。出師亞獸樗蒲。若用丑。則出賊和
尚更可笑也。

陽光

子癸丑主隨胎。離卯中子全家盲。

子癸丑有員堆。主隨胎。又主隨母改嫁。

離方員墩。主目盲。蓋午為目。為主中女。

又主離鄉。

魚袋居酉。宮易期。坎癸四墓為橫尸。

魚袋砂。似橫尸。居酉則為金魚袋在子

兌發金劍聲
砂庚兌方出
將軍
巽酉砂
辰龍太陰砂在
太陽戌
太陰得水在辰
酉

癸丑未辰戌為橫尸。
兌鍪劍聲庚兌出。將軍威武收邊夷。
卯庚酉主武。兌鍪劍戟以類應。
東南更點齊雲霄。巽陰陽合翕如友僚。更
兼陽閃酉山拱照。官職崇高近君帝。
巽居東南維。上高出雲霄。而陰陽合翕。
更得酉砂拱照。主為官近帝。以酉為太
陽砂。太陰水也。

卯酉砂

陽關酉山臨因陣亾。陽衡壁塚初年滿。
卯庚亥未砂水全。出大將。必要酉方應
位而起。倘此方不起。而低陷。主陣亾。卿
為印出之所。山高掩蔽陽光。功名蹭蹬。
然亦在乾巽坤未地忌之。若辛下山向。
則主卯年登科。陽衡山高更吉。
火星宜起應天宿。仍觀造化陰陽且。離星
高秀乾壬明。泄制火星英賢生。

細看

兑納丁巳丑故為煞黨。

承上言卯酉二山以庚日眼月主之此火星宜高起應天宿仍要觀穴上滿扃造化陰陽宜忌而用之如午當星日馬宿若砂高水秀遇會寅戌則火災立至必得乾壬方砂明水注以泄制火星不但免火災且能生英賢此古仙制化之妙用功捷影響與景鸞打歙州城開下字塘以制巽砂功用相符蓋巽畏雞下

着眼細參之。

亦煞當烈。故能制矣。此言乾壬洩制午火。非乾壬能制午也。以乾壬隔一亥字。離界猶也。若亥方起則主殺戮凶慘。故避亥之正位。而從亥左右兩旁。或築砂。或起樓。或鑿池。或引水。則乾命午而會先天貪狼之吉。午納壬而翕陰陽比和之美。制火星產英賢兩得其利矣。此等作法。從來未經指破。真有回天改命神功。

此節統評二十四山

火星圖見後。
櫃艮璣乾陽璇巽山若陷官不食祿名虛稱。
八火局。忌四維砂低陷。主為官無祿。若四土局。又忌四維高起。主亡身喪家。是不一格。勿得拘泥。
龍穴勢無虧失。吉星到位。官可必。吉星或見有高低。便以高下為消息。山形雖美位凶方。亦恐歲久非忠赤。
堪輿首重龍穴局勢。若件件合法。都無
虧失。更得吉星列位。則官可必矣。然吉
星之中。有高低中三等。分别高砂福厚。
低砂禍薄。中砂易發。福力亦中。平訣在
高下處。詳消息。有一等山形極美極麗。
無奈位在凶方。亦分三等。以驗受禍大
小。歲久非忠赤。言砂年局勢堂氣管事。

或吉至年久砂力主事。其禍立見。此六句統評二十四山。

畫筆尖欹引寅申。賊旗斜側位魁罡辰魁罡高聳。骷塚宅。出賊乞丐沿街坊。

寅申非畫筆。尖欹是畫筆。尖欹非畫筆位在凶方是畫筆。賊旗亦然。魁罡不出乞丐。骷塚宅出乞丐。骷塚宅不出乞丐。位在凶方出乞丐。故寅申是生氣文筆。

細看

宜細會三元生旺運是把柄

魁罡是珠貝庫藏若善為消納辰戌照塚主巨富寅申拱宅主大貴但以欹斜高聳略減福力耳

四金砂脇風一入翻棺覆槨人遭殃

辰戌丑未有坳風入穴全翻棺覆槨然見丑未風入立陰向或八艮二黑管運之年見辰戌風來立陽向或四巽六乾管運之年則不忌水路亦同

雪心賦形象
有可取

牙刀四金辰戌丑未屬劊兒判筆庚兑辛為奇。

牙刀位在四金。出居戶劊予判筆位在庚酉辛。主判斷大崇。然雪心賦云。牙刀變作賊刀。文筆變成畫筆。亦看用法何如。

天乙辛太乙巽文筆起曜氣火角交騰狀元位。

玉尺經、天太兩峯不起。須知無貴扶持。
蓋天乙太乙。為催官薦元。此兩砂尖峯
秀起。又得曜氣砂左右交騰。少年科第。
金馬玉堂。翰苑馳譽。
得位失位。分去取。總把龍神變規矩。
砂之吉凶。總在得位失位。并龍氣穴局。
辨之。
火星不起。日月明。亦主其家生貴子。日月

不起太陽高。太陰得水富還家。

離坎爲先天日月。卯酉爲後天日月。卦納干支寓焉。火星不起得日月二砂明。亦主生貴子。日月二砂不起。而本龍之太陽高。太陰星得水。則富還家矣。火星并太陽太陰。有圖列后。

火星不起官不顯。不握重權或閒散。

火星與日同舍。日君象。火星見主爲官

近帝。其法與中星同例。而有順逆之分。亦在龍上辨之。火星中星同繪二圖。列后。

詳龍審局辨砂水。此是楊曾徹骨語。世降風移。民不淳。大地相逢。莫輕許。

看地之法。詳龍審穴。辨砂辨水。四者之外。更無餘事。催官四篇。總是楊曾徹骨語。言公自信為楊曾後。開知一人。但世降風移。民不積德。相逢大地。戒莫輕許。恐干造物之譴也。

太陽高。太陰得水圖。

中一層。先天羅經十二位。管龍。

次一層。太陽高。管砂。

次一層。太陰得水。

內有兩太陰。一與月合朔。一與太陽對望。故重註兩字。

太陽太陰圖

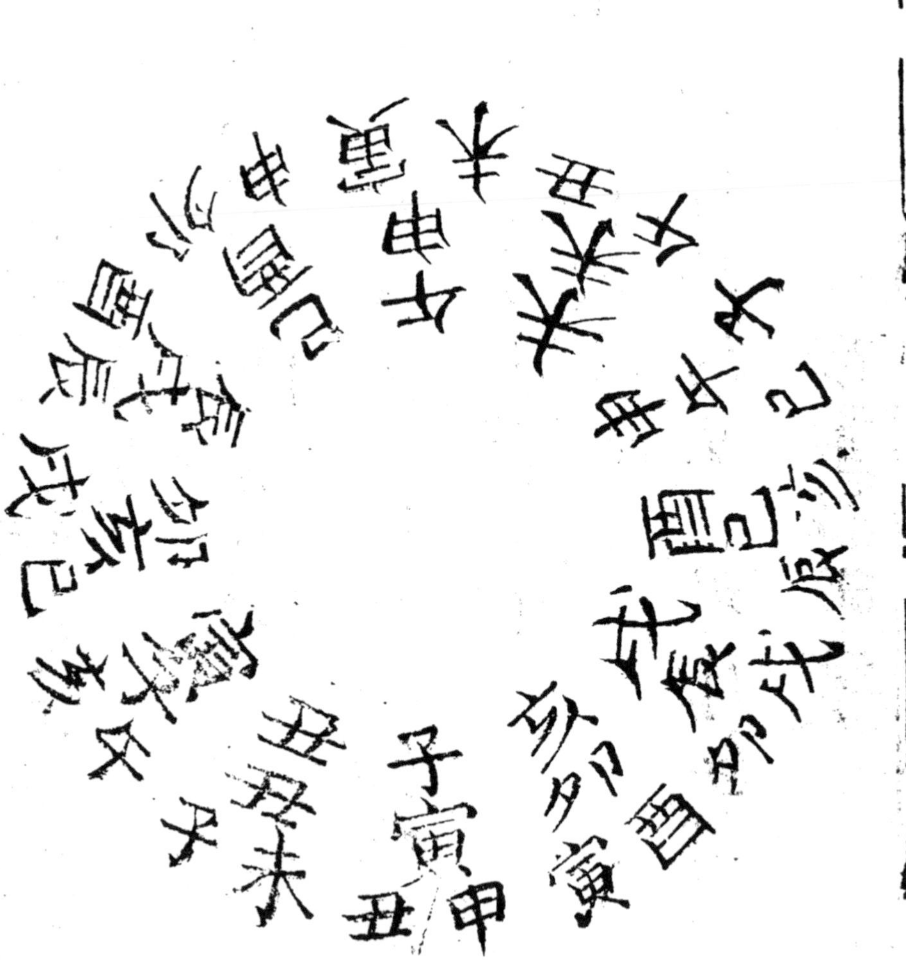

賴公曰日月不起太陽高太陰得水當澴豪也即日月合朔月與太陽對望之義也性理云日每日不及天一度月每日不及天十二度故月三十日而與日會日三百六十日而與天會也是故寅龍入首正月也時太陽在子歷三十日寅月合朔於亥故寅龍見子峰為太陽高見亥水為太陰得水但寅月太陽在

予則太陰對望當在午故圖內以合朔之太陰与對望之太陰並錄蓋日為火之精最喜砂拱月為水之精最喜水朝然辰龍戌砂水朝戌龍辰砂水朝此兩山砂水並朝固妙或無太陽砂而得太陰水朝其力更快更速若丑未兩龍太陽砂即在本山太陰水即在對宮時師止以四金為賤而豈知辰戌丑未造化

之妙又較他能為貴美哉公云相逢大地莫輕許蓋秘之也

中星火星圖

中一層羅經

次一層中星

次一層火星

其法從未位起角中星未位順轉坤申火星未位逆轉丁午

中星圖

子 癸 丑 艮 寅 甲 卯 乙 辰 巽 巳 丙 午 丁 未 坤 申 庚 酉 辛 戌 乾 亥 壬

虛 壬 危 亥 室 乾 壁 戌 奎 辛 婁 酉 胃 庚 昴 畢 申 觜 參 坤 井 未 鬼 丁 柳 午 星 丙 張 巳 翼 巽 軫 辰 角 乙 亢 卯 氐 房 甲 心 寅 尾 艮 箕 丑 斗 癸 牛 女 子

火星圖

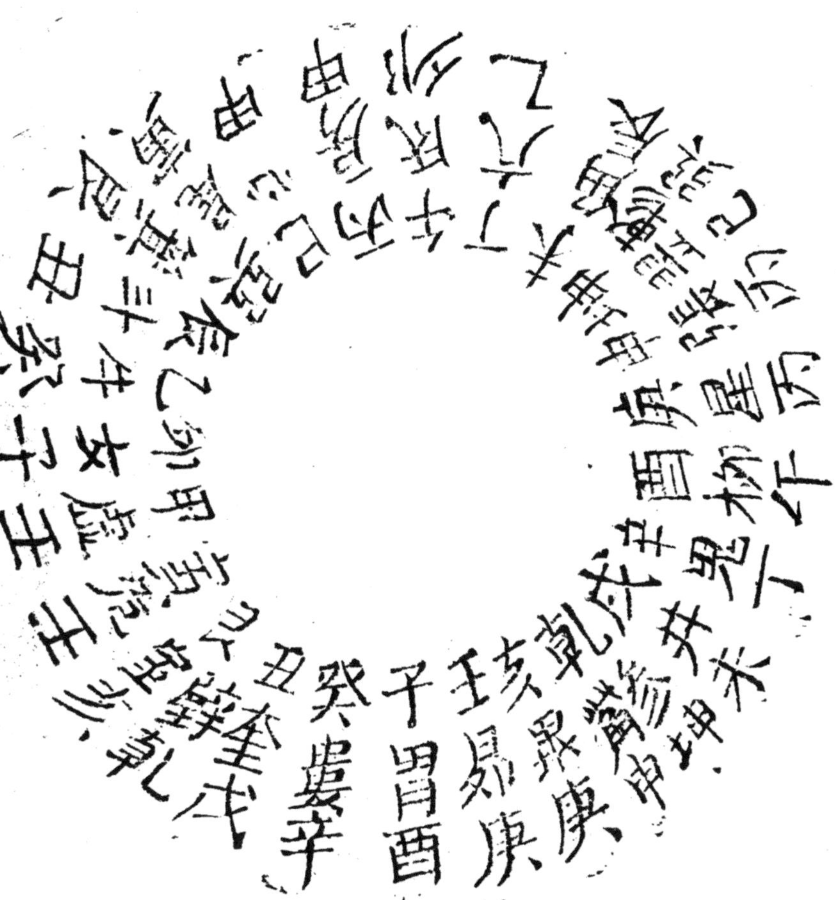

午柳丁
鬼井未
坤申觜參
庚畢
庚昴
酉胃
辛婁奎
戌壁乾
亥室危
壬虛
子女
癸牛
丑斗
艮箕
寅尾
甲心房
卯氐
乙亢
辰角
巽軫
巳翼
丙張星

捷法、中星從未位起。辰巽巳。逆轉未。
丁午。火星從未位起。辰巽巳。順轉未。
坤申。遇四維乾坤艮巽位上。隻排兩
字。遇甲丙庚壬字上重數兩星。目今
甲隸心月房日。丙隸星日張月。庚隸
昴日畢月。壬隸虛日危月。四木在庫
地。而水火金易位也。如甲龍中星在
畢。庚火星在虛。壬甲龍、見庚砂。謂中

星見有王砂、謂火星起。無砂有水亦妙。俱主為官近帝。此二星、舊例不驗矣。因正之。

堯典平秩東作。日中星鳥。平秩南訛。日永星火。平秩西成。宵中星虛。平在朔方。日短星昴。詩云、定之方中。詩書所載。尚矣。蓋日為陽精。當中司令。而火星應天宿。昴恩星。在帝座、值端門。有薦擢之美。

所以催官云。火星不起官不顯。不握重權或閒散。是中火二星。亦為要訣也。但天體舒而疾。漸差而西。日月五星速而遲。漸差而東。堯時、冬至日躔虛。今時冬至日躔箕。歲差之法、考之。數千年後、宜乎不相及也。此圖當依歲差之法為轉移。然堯時奎婁胃昴畢觜參。為冬季中星。而今已數千餘年。考之星度。則以女天皇等吉星。必遵陳耕山先生此說。移易宮位方有準驗。

虛危室壁奎婁。為冬季中星。七皇之中僅差五星。則此圖尚有數百年可用也。然此係昏中也。夜中旦中。可挨度轉盤閱之。如昏中胃。則夜半是柳。旦中是氐之類。

新安陳耕山云。目今天正冬至日躔箕。在子之正中。則天皇應在酉末辛初。太微在卯之正中。天市在子癸之間。南極

准驗即是準驗此書中準字多刻為准

在巳丙之地。天輔立辛戌。少微入未坤。紫微司命。乃在丑艮地矣。今人不知天有差移。仍執虛危之針路為定。故天皇等星。分占宮位已錯。則龍之貴賤。何能准耶。用此天皇。必須移易宮位。方有准驗。

三卷終

水

催官篇卷之四

賴太素著

尹一句子註

評水章

催官之水惟三陽。水潮砂秀官爵強。巽丙丁為三陽水。有水朝又有秀砂得。位。主官爵強。

陽璇巽水朝文筆起。少年科甲誇文章。

璇水來璇峰秀。主少年科甲。

若見嶁峯列雲漢。兄弟聯名覲御翰。

解詳評砂章。

有砂無水亦尊榮。砂水並朝更為冠。

地法以砂為重。水次之。言有砂無水亦可催官。若得砂水並朝。當是第一美局。

男為駙馬女為妃。中男繼子誇門楣。

解見前篇。

三陽無砂向水不貴。亦主姻親發財利。
凡地無砂、總不能發貴。此言姻親發財利。由巽為長女、故也。

穴乘兌亥陽璇朝。玉堂金馬多名譽。
穴乘兌亥氣。立卯向巳向。有玉堂金馬之譽。但巳為巽、剋制不及卯酉之美。

艮龍璇水、為福輕。最喜庚辛丙丁注。
艮為少男。不宜見巽美貌之女。易、山風

之所以為蠱也。故雖有成就。為福亦輕。
若艮龍得庚辛丙丁水注。則發福大。
陰樞丙南極丁水洋洋。四神八將砂巍巍。
射策金門。期第一。宅之主微垣。作弼艮。
丙丁朝堂。又得四神八將砂拱局。想郭
令公二十四考中書。又彥博九十奉朝
請。當同此局。
三宮有水名赦文。丙丁承無凶禍到家門。

水

蚕姑纖綵白如雪。老萊戲綵娛晨昏。

赦文水朝家無禍。

三陽水朝帰鬼鄉。義門壽者同休光。

鬼鄉、天王外傳謂卯庚二位。言巽丙丁

三陽水東去喜在卯。酉去喜出庚也。

右段評巽丙丁、三陽水。

隂璇辛水朝進金。寶。亦有如花女人好。

辛納於巽。亦主如花女人。

穴乘太乙巽東南龍。水朝。砂秀。登科早。
巽龍。辛水朝。辛砂起。主催官、少年登科。
若還水自太微朝。丙亦主出人長壽考。
天王外傳、南極老人星。春分見丙、秋分
見丁。丙納於艮。丁納於兌。故兌下艮丙、
四位皆為壽考砂水。
但嫌砂碎。似鵞頸。風流女人多顛倒。
凡砂皆忌似鵞頸。主人風流在巽辛卯

八曜煞水最凶。
均不宜見。

水

酉子午亥更驗。

右段評辛丙水。

兑水切忌陽𡙇巽龍。必主徒流及荒草。巽畏雞也。而酉亦畏巽。凡煞水煞砂見。俱主徒流斬絞。收用得法。反主權力。不可一概而論。

右二句評酉水。

天漢庚天命水朝坟。郊敵國富豪真無倫。

震納庚而艮甲。故庚申並流出。

無砂有水惟富旺。

震庚有峯入雲表。英雄將相魘三軍。

有砂無水亦登科。

天漢庚天關申水同入。難免刑戮遭縲紲。

庚申並流。難免刑戮。

陽衡卯水朝王驟富。龍輕砂碎遭淫奔。

王尺卯酉本犯邪淫。而悠揚清澈女反賢貞。此處壞在輕碎二字。

水

坤畏兔未屬坤卦。故未砂水凶。

切忌剝龍入坤度。定遭刑戮罹災迍。

度字是訣。吾見卯龍、坤度末砂、起未水、見而遭人禍天刑者。穴穴然也。

右段、評卯庚水。

陽、樞艮有水。入明堂。粟陳貫朽。珠夜光。

天王外傳、艮為銀寶之地。

右二句、評艮水。

天屏巳天皇亥、水來去。財祿人丁家優裕。

兔

天屏、水忌火、徵酉龍。離、龍亥水、刑相同。

兌畏巳。午、畏猪。與坤象、巽與雞、乾馬、理同。

俱主刑戮。

右段、評巳亥水。

鬼牛、來去空為吉。未丑念經寡夭常逢凶。

鬼流來去龍入震、霹靂白晝驚西東。來主

家富去敗絕。人家定少期頤翁。

丑未、以牛鬼氣主左道。此言卯龍。未水

來去。坐雷驚然。來龍入卯。水未去作山向。亦主雷傷。蓋未坤卯局同。蓋震為雷。未為雷門。而鬼金隸焉。合則為英雄將相。破則為雷震東西。此水來壬雷驚而發。去壬雷打而敗。

右段評丑未水。

元戈坤洋洋入塚宅。高堂紅粉悲無窮。掀裙掩扁山拱位。婦女不潔招淫風。若有圖山盂鉢樣或出尼姑并和尚。

高堂紅粉以坤為老母也。抱扇撇裙砂。見三風聲。若未水瀉坤界。主涌僧道圓。

山似盂鉢。主出尼姑和尚。

陽權陰權互相向。午壬有水特朝乃為上。午納壬、互向有砂。更得特朝水至乃為上格。

陰陽砂秀入青雲。及第為官至卿相。

砂之高大入青雲甚為宮亦高大。

有砂無水亦登科。有水無砂惟富旺。

凡地有砂方可發貴。有水止能發富。

也。水之力輕也。

陽權陰權互相向。砂水並朝總宜塟。

午壬互有砂起。其起砂方。又有水並朝。

總可塟地。發福無疑。

右段評午壬水。

離龍坎水近君門。陽局易發亦易傾。
午龍坎水格合水火不相射。善爲兼受。
福力亦綿遠。
右二句評子水。
亢婁流注。句非吉地。少凶悖無忠貞。
戌辰水來。是沖開墓庫。主富。且屬太陽
砂水。主貴。惟亢婁流注。若是凶地。主少
凶悖逆。若是吉地。則富貴雙全。因俗將

七字作一向讀。所以大地相逢不相識。皆由誤讀此句之過也。

右訣辰戌水。

陽關懶緩穴水入。缺唇露齒含糊聲。

酉龍辰水。主缺唇露齒。

坎龍穴水忌來去。全家誅戮無餘丁。

子畏辰。主殺戮。然為三合、紙輕。立向轉移。亦免刑戮。

四金辰戌丑未龍朝並坐向。痼疾橫遊家伶仃。四金對射風水局。翻棺覆槨災非輕。

辰戌丑未、龍穴砂水。四風對射。俱要消詳。為福固重。其為禍亦不輕也。公盖示人宜慎用之耳。

右段評辰戌丑未水。

功曹寅傳送申水来去。陽局砂水吉無虞。

寅申水、陽局吉。

午納壬寅戌。病在水去。

天官乙來去

行龍轉換到正東，切忌水流傳送申宮。

卯向卯，卯龍忌水流申位。卯畏申故也。

離壬來去離鄉邑。陰璣甲天棓寅生肓風。

午壬寅戌水去。壬離鄉別井，寅甲水主肓瘋。

布段，評寅甲水。

天官乙來去招繼贅。坎癸病腫憂冲冲準

生子女家漸退。縊死落水災危重。

北極乾

乙水不合局。主螟蛉抱養。子癸水、主病腫縊亡落水。又主聾生、或六指。

右假、評乙水、子癸水。

水流北、極乾。肅殺位。襟懷鄙瑣無寬洪。

乾、老陽。退處西北。故襟懷鄙瑣。

坎、龍離、水入西、兌。淫奔必主期桑中。

子午卯酉。四敗之地。俱屬桃花水。

乾、亥、聾朝因瘵夭。戌、乾、喑啞并盲聾

乾亥水。不可隻行。如隻行。主咳嗽吐紅瘵夭之疸。不能消詳。戌乾破局。辛暗啞盲聾。尚可轉移。

陽璣乾來去破能履。鰥寡繼贅人無蹤。

乾水來。主破而不能履。去。主能履而破所不免。乾以老六無生意。故有鰥寡繼贅之應。

右取評乾水。

子午水為左倒右屬陽局。水用之陰則破局故凶。巽巳為右倒左陰局。水用之陽則破局亦凶。

坎離陽朝破陰局。咸池水映桃花紅。

子午破陰局。為沐浴敗地。主淫奔。

巽巳無朝破陽局。那堪太乙起堆峰。香閨有女顏如玉。墮胎點污春風容。

巽巳水破陽局。主室女懷胎。

遊魂陰樞午丙水並入寅午戌歲燒天紅。

葬法若注兇家氣。回祿制伏應潛蹤。

丙午水同流。主寅午戌年火災。葬法內

黃泉八曜水
最凶

注得兌亥氣火災可免。
陰光辛丑癸丑入塚宅隨母改嫁忘姻宗。
癸丑水混流主隨母改宗。
黃泉曜氣最凶惡陰陽混雜家零落少亡
毒藥因女禍兄弟屠戮多相攻龍行關節
帶微淆受穴朝流亦差錯。
黃泉八曜水最忌陰陽混雜陽局遇陽
曜陰局遇陰曜謂之純輕陽局遇陰曜。

陽局遇陽曜陰局遇陰曜謂之純輕淨陰淨陽也反是者雜重極凶

陰局遇陽曜謂之雜重龍行穴氣朝山向水四者俱大忌之

八曜煞即卦內官鬼爻也歌曰坎龍坤兎震山猴巽雞乾馬兌蛇頭艮虎離猪為煞曜宅墓逢之一齊休

黃泉即龍家向水之冠祿方也行龍黃泉可轉移立向黃泉不可轉移此古人所以有救人黃泉殺人黃泉之別如庚

丁坤上是黄泉，乙丙須妨巽水，先甲癸向中憂見艮，辛壬路上怕當乾，此殺人黄泉也。龍家管之，辛入乾宮百萬庄，癸歸艮位煥文章，乙向巽流清富貴，丁坤終是萬斯箱，此救人黄泉也。立向管之，世人不獲真傳，即一黄泉不能辨別，何論遠者大者乎。蔣大鴻曰：不怕黄泉八曜。張九儀曰：黄泉無此說，八煞的是真。

淨陰淨陽即立陽向用左倒右水順行起長生若右倒左水逆行起長生宜立陰向扦穴

着眼

張意在淨陰淨陽黄泉在陽方立陽向在陰方立陰向為禍輕禍既輕則指為無礙說可也蔣意在元運生旺黄泉在旺氣方來反主發福旺氣從八曜至亦主發禍然元運一過吾見黄泉八曜為祟於宅一毫不爽也平情論之賴之法可久蔣之說宜暫今將楊賴黄泉立法理倒盡述於左

其法先以水口為定即玉尺左旋右旋陽順陰逆入山尋水口訣也

如見水口在戌則左旋之龍必自巳丙午丁未坤順行俱屬丙火生寅旺午庫戌右旋之龍必自巽辰乙卯甲寅逆行俱作乙木生午旺寅庫戌此乙丙交而趨戌局也局內見辰巽水為犯黃泉辰巽即乙丙冠帶方為乙丙龍成胎成氣

乙丙交而趨戌。
辛壬聚而會辰。
丑牛納庚丁之氣。
金羊收癸甲之靈。

之。所故忌見此水。如見水口在辰、則左旋之龍。必自亥壬子癸丑艮順行。俱作壬水。生申、旺子、庫辰。右旋龍。必自乾戌辛酉庚申坤行。俱屬辛金。生子、旺申、庫辰。此辛壬聚而會辰局也。局內有戌乾水。為犯黃泉。若壬路上怕當乾也。戌乾即辛壬冠帶方。為辛壬龍。出脈分氣之所。故忌之。

如見水口在丑，則左旋龍，必自申庚酉辛戌乾順行，俱屬庚金，生巳、旺酉、庫丑。右旋龍必自坤未丁午丙巳逆行，俱屬丁火，生酉、旺巳、庫丑。此丑牛納庚丁之氣也。局內見坤未水，為犯黃泉，坤未即庚丁冠帶位，為庚丁出脈，勿犯氣之補，故忌之。

如見水口在未，則左旋龍，必自寅甲夘

乙辰巽順行。俱屬申子。生亥、旺卯、庫未。右旋龍。必自艮丑癸子壬亥逆行。俱屬癸水。生卯、旺亥、庫未。此金羊收癸甲之靈也。局內見丑艮水、為犯黃泉。丑艮即甲癸冠帶位。為癸甲出胸勿氣之神。故忌之。

上四段。皆詳錄龍神之生旺墓黃泉。為山河大地一定之局。然戌口何處無辰

水來。丑口、何處無未、水來。將見辰水未
水之處。即指為黃泉。又將向何地覔無
黃泉之局耶。凡此皆由庸師、不得向上
五行真傳。誤以龍家雙山。亥卯未、乾甲
丁。申子辰、坤壬乙。巳酉丑、巽庚癸。寅午
戌、艮丙辛。之左旋甲丙庚壬。右旋乙丁
辛癸。用之向上。了無証驗。而不知向上
之五。行自不同。龍家。此山上龍神不下

水。也。夫。龍。家。之。五。行。爲。體。向上五。行。爲。用。不識龍。家。五行。則不知龍。神。之。元。關。竅。不識向。上五行。則不能爲所。作。之。局。通。元。達。關。合。竅。其貽誤豈淺鮮哉。元關竅。謂何。即龍。神。之出。脉。分。氣。合。已。生。旺。墓。也。龍神元竅。字內處處皆備。由天地之。自。然。向。上元竅。稍差。即。失。聽。人。提。轉。即察。琭。火。坑。入用。元。機。歷來仙師。皆隱一句子、所錄向上、水法、最簡最捷、最貴最穩、業地理者、切宜細心默識、其重兼加訣、尤為立向制水轉移吉凶權衡。

祕其法、後學莫測宗旨。予憫然於心、特詳錄於左。

壬子北方水、從壬。丑為水庫、從壬。

甲卯東方木、從甲。辰為木庫、從甲。

丙午南方火、從丙。未為火庫、從丙。

庚酉西方金、從庚。戌為金庫、從庚。

此十二向水、起長生、俱順行、自子轉丑、宅墓之水、宜左倒右、合生旺來墓庫、去。不犯流破冠帶。流破長生。若右水倒左。立卌十二向。墓絕來。生旺冠官去。為犯、黃泉。壬子、甲夘、丙午、庚酉、屬仲。仲房凶敗。辰戌丑未、屬季。季房凶敗。百不失一。

艮寅東維、從乙。　乙木生丁火、從丁。

巽巳南維、從丁。　丁火尅辛金、從辛。

坤申西維、從辛。　辛金生癸水、從癸。

乾亥北維從癸。癸水生乙木從乙。此十二向水。起長生、俱逆行。自午轉巳。宅墓之水。宜右倒。左合生旺來墓絶去。不犯流破冠祿。流破長生。若左水倒右。立此十二向。墓絶來生旺冠官去。為犯黃泉。艮寅乾亥坤申巽巳屬長。長長房凶敗。乙辛丁癸屬季。季季房凶敗。塚宅俱驗。然總以眼見之水。為

凶。其不見者稍遲。其訣在重兼加如（向上邊左[illegible]勢）

艮局。係左水倒右、反局若兼寅則從

乙木。生午、旺寅、庫戌。右邊生旺之水

反去。左邊墓絕之水反來。定主長男

敗絕。若見戌來、卯辰去、則二三兩房

亦災。雖用艮兼丑、則丑從壬水生申、

旺子、庫辰。則左邊戌亥之水反作官

祿來。右邊卯辰之水反作死墓去。是

長二三俱大利矣他向放推

此法目講師傳之司馬頭陀頭陀傳之冷謙而近世魏青江蔣平階鄧遂識輩說為秘寶矣其說以丑為水庫辰為木庫未為火庫戌為金庫由四季排之亦極自然蓋三合之局尚屬勉強而寅卯木令之後庫於辰巳午火令之後庫於未申酉金令之後庫

於戌。亥子水、令之後、庫於丑、乃每年。四。時。之運。行。確不可易。者。世人立向。誤用龍上三合。一派以多不准驗。

附錄玉尺水上凶例△

未離胎而夭折。多因派破胎神。水流胎位去也。

纔出世而身亡。蓋為擊傷生氣。水派生位去也。

冠帶失髫齡之男。

水流冠帶位去。

臨官喪成財之子。

水流臨官位去。

破軍侵帝旺之鄉。身無一命之寄。

水自墓位流來。從旺方去也。

天罡犯貪狼之位。難招半子之榮。

水自墓絶來。從生方去也。

旺去冲生。縱富貴徒然。

旺來生去。

生來破旺。雖有子奚爲。

生來旺去。

四敗傷生。雖有子而母明父暗。

沐浴方來。生方去。

旺神投沐。恐居官而淫亂可羞。

旺方來。沐浴方去。

犯八煞。艮虎離猪為曜煞。

流通四庫。婦女撑家。

四庫水朝。為巨門。

少亡橫死。為犯黃泉。

墓方來。冠祿方去。

赦文若帶桃花。雖乘清白之風。

赦文水。帶子午卯酉。丙丁水為赦文。

六秀如遇曜氣。必出強梁之輩。

艮寅、巽巳、壬亥、辛酉、卯乙、

水同行来。

寅申巳亥水朝、非瘟火、則產難虛癆。

四生破局。

戌乾辰兌来臨、非瘋疾、則目盲暗啞。

戌乾辰、破陰局。兌水破陽局。

戌乾為鼓盆之煞。

坤流為寡宿之地。

乾老陽。坤老陰破局。

寅甲水来。刑堪瘋疾纏身。

解見上。

亥癸隻歸。應見持刀刎頸。

辰以亥金。戌以癸金。

乙辰交加。水路未免懸河之厄。

乙辰破陰局。

八曜重遇刀砧。難逃憲法之誅。

八曜水来。又有刀砧砂出。或同在刀

砧方位。

以上二十二局俱關禍福總以眼之所見為主。

龍真局備砂水環板龍附鳳良非難。

龍真局備砂水環七字道盡看地大法。

洋潮六秀砂水助博龍合矩方為官。

凡地得砂水助即要龍氣合矩方為有用。

遶

正向特朝固為美。旁朝合吉梯雲端。

砂水從對面特來、為正朝。從左右來、為旁朝。要合吉位。

抱城遶穴固為吉。直流合矩朝天闕。

曲流遶抱固吉。直流合矩、亦吉。

真龍逈逈穴奇巧。到頭僞氣非純完。

龍真穴奇巧可下。氣不純完不可下。

反如斷弓直如箭。箭流非吉位家貧寒。

反如翻弓。直如箭射。流非吉位。僅主財、散不聚。

穴高、朝流要長遠。富貴易至人安康。

穴高、要水來長遠。若低暗、難用。

朝流高、低穴為等。富貴驟至量非難。

穴與水等。發、福快。

催官秘訣止於、此。慎勿浪與世人傳。

終篇、戒勿浪傳。余此註、豈敢浪泄天機。

催官評龍穴砂水是堪輿家最上乘精旨規於四訣處處漏露熟讀深思反復自得業地

但亦就句解句使人自會於語言之內究之秘訣亦不出於文字外也催官品評龍穴砂水最重淨陰淨陽與先天後天相見之理納甲八煞之義於中評龍有九宮之法用砂有量山之秘用水有步水之奧受穴有收氣之訣此堪輿家千古不易最上一乘之精旨也此四訣處處漏露人苟熟讀深思反復

理者。慎勿以粗心躁氣乘之。

最上一乘乘字平聲。出佛典。

乘之乘字、平聲。登也。古謂登車。曰乘車。

玩味。當自得之矣。

四卷終

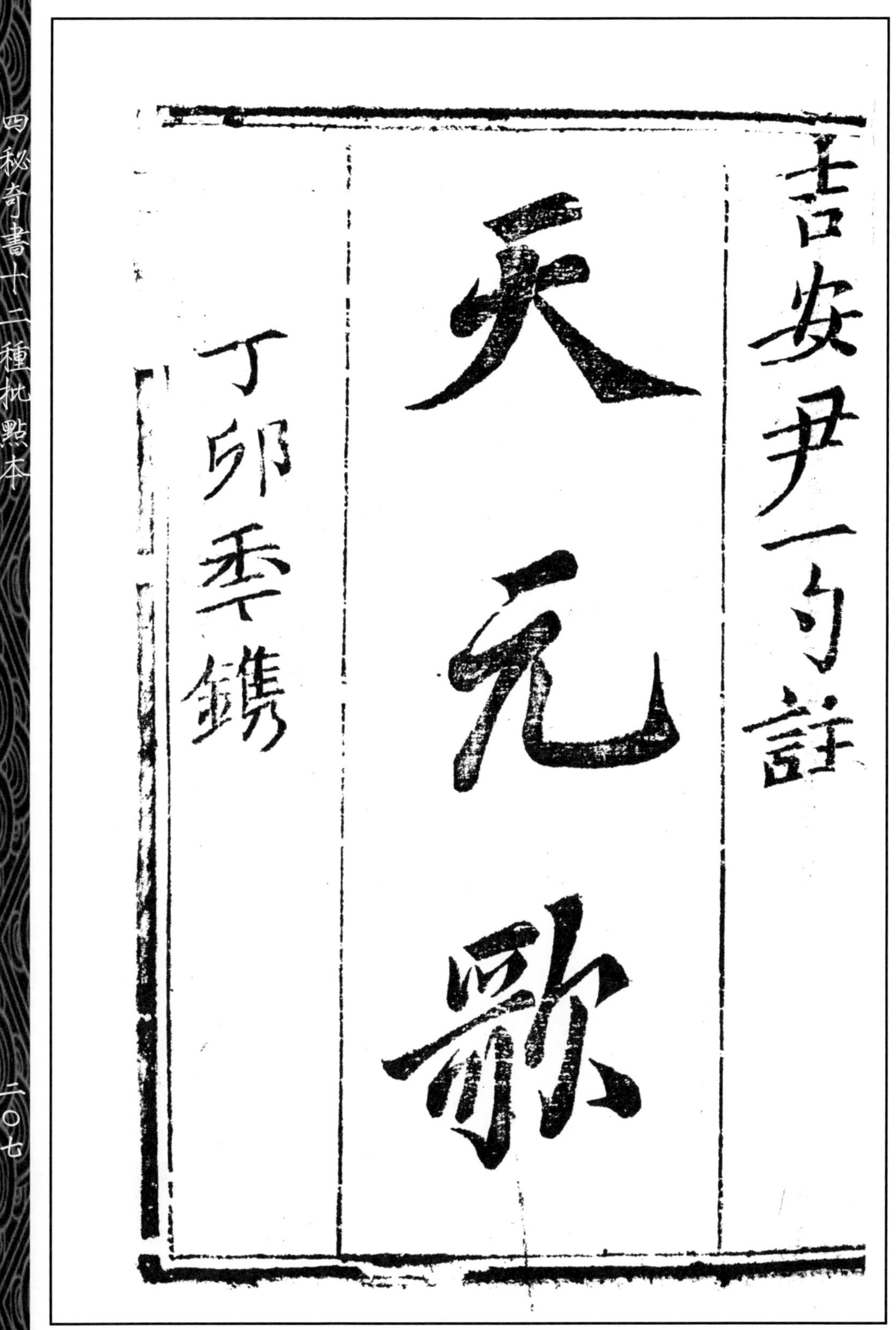

吉安尹一勺註

天元歌

丁卯季鐫

玉函真義天元歌

無極子、雲陽、君啓翁、手授

中陽子平階蔣大鴻撰述

門人于鴻猷辰遠　沈億年矩承

周績賢履道　王錫栩元令

呂相烈衡鄉　于鴻義因仁授

吉安、永寧、尹有本一勺子、發義

天元歌一

此篇總論大義、一書之綱。

天元歌一卷。總論大義。書之綱。

一元浩氣含三象。混沌分開氣升降。天清地濁成兩儀。陰陽互根。氣來往。山川土石象。中。氣日月星辰氣。中。象。二氣相抱不相離。濁陰本是陽。清。象。惟有人。為萬物。靈。品配乾。坤。號參。兩。一人自具。一。陰。陽。卓立三才。不。相。讓。

首章言陰陽一氣。天地一物。而人與天地合體。

一勺子曰、天地人。上共一氣、氣之清者。在天、能照燿乾坤。在地、能化生萬物。在人、能神明變化。氣之濁者、在天、為彗孛虹霓。在地、為洪水虫蛇。在人、為悖亂愚頑。日月星辰者、氣中之象。山川土石者、象中之氣。人得二氣以成形。而浩然剛大者。充塞兩間矣。

元陽本是天中來。形從大。地。産。根。莖。至人父天而毋地。此是生成妙化裁。天元降在地元中。猶如父母媾成胎。十月嬰胎非父賦。三年乳哺母之懷。人生本天而親地。地靈原。是天靈裁。

言受天氣而生人。推原地氣蔭人之本。一句子曰、元陽在天。根荄在地。必得地之根荄。乃能收天之元陽。風雨不滋。無本草也。

圖

不重祖父塋葬者盍覩此章

生時衣食居夏屋。萬寶地産名天祿。由求宅相福生人。帝室皇居壯京圖。死者埋骨歸於土。復本還原。義反覆。還從地氣吸天光。變化蒸噓露金玉。煉陰仙人解中虛。凡骨猶能化百族。吉成龍鳳衆靈奇。凶作蟲蟻諸惡毒。精魂苦樂人不知。但見子孫生禍福。

此章言陰陽二宅。皆天氣陽精。交本化

丹步

生之妙

一勺子曰吸天先之法若煉丹者然有地歟有工夫有火候而後能吸取上天之精華而丹成九轉

聖賢仙佛亦難逃公侯將相莫自豪各有山川來蔭應今來古往不相饒最小千金偏敗子亦沾微潤樂陶陶不然無祿並絕世墓宅不爽爭秋毫

閲此章能不淒然者當非

言品彙不齊皆屬墓宅之應。一句子曰、無祿絕世是從地上吸戾氣。墓宅丙凶、使然。祇以聖賢並此理。遷邠卜洛何焦勞。後來名賢朱蔡輩。煌煌書册義最高。柰何豎儒識見偏。諱言求福、云、達天世上惜財薄葬者。附會其說以文慳。一曰偷安。拋父骨。世代渺零百不全。直使子孫貧夭絕。不孝莫大。豈。謂。賢。況復翻棺。弃。腐。骨。父母魂。魄。更堪。憐。

言後人失聖賢遺旨。陷於不孝。一句子曰、薄葬、亦不但惜財。葬於衷地。浪費何益。文墜亦不傳會。其附會先聖糟泊者。俗師也。至於貧夭絕。則子孫層其咎。翻棺腐骨。則凶人受其殃。此等陋儒。是自求禍。

禍同禍

世間萬事半荒唐。惟有陰陽不可當。不笑不言三尺土。掌握禍福急如火。笑人不重祖父墳。只看花開不看根。僧道乳母且相應。繼子外孫如嫡親。

言地有必應之理。

一勺子曰、僧道祖墳。余歷驗之、果準。繼子外孫、亦全。而且後母。能蔭前母子。前母能蔭。後母。兒。今人於繼母前母。隔膜

視之一葬凶塋反咎祖父吉壞存心不孝者宜知厥愼

墓宅吉凶較量看新墳舊宅亦相參墓宅兩興宜鼎盛宅墓兩衰斷人煙宅凶墓吉兒孫慶墓凶宅吉眼前歡祖父新扦沾煞氣高曾福蔭他房去寒林忽發一枝榮若非新宅必新塋吉少凶多福來短吉多凶少禍來輕

此章言墓宅新舊參驗合應之數不可
以一槩論
一勺子曰欲斷一家衰旺必合新墳老
墳住宅一總驗之可也若單看一處錯
誤難免
更看屍骸寒與煖歲久骨枯取効緩惡山
惡水倘曾埋銷盡陰霾氣方轉初瘞新骨
天靈完葬乘生氣朝花鮮更遇嫩山并嫩

水。一紀之內。錦。衣。旋。熊將宅氣來相輔。卑
田院裡出官班。
言墓氣應驗之遠近。
一句子曰、葬新骸、取効快。葬老骸、取効
緩。葬骸之曾受惡山惡水者。其力尤緩。
如病方去身。无神未完。當必須時日。努
力加飡。然後能復本元。
莫說生來命數奇。地元一。得。天。數。移。此是

至人造命訣二十八宿掌中齊莫說窮通有骨相滕蛇憂作生龍樣此是他家換骨方死骨不灰生骨狀

言地理能挽回造化

一勺子曰人生興衰有先天之道有後天之道合驗之可也其先葬而後生人者先天也後葬而先生人者後天也後天可以補救先天而不能脫換先天先

天不能保全後天而可以觀定後天蓋先天爲祖宗之墳墓其力固重後天爲父母之墓兆其力亦不輕以當於斯得嘗於斯晉臣之所以告文公也仙家換骨是後天之力、重於先天蓋仙師以後天爲重也然必先天少具富骨貴骨方可用後天備成之若先天是貧骨賤骨一發應富應貴之墳及被富氣貴氣濃

死此薄德不可求大地或葬法失宜或地運不到或人事遷改或為術詆誹此吉壤之所以長存仙師之所以擇人而授也

勸君大地勿悞求大形大局必根由縱有千山並萬水與他穴氣不相投一枝一泡山龍真一鉤一曲水龍神肉眼只嫌結穴小個中生意滿乾坤恨煞時師不識真常

將假局悞世人。誤占靈壇祈禱墓。害人心術少安寧。豈知吉地方方有。只在眉頭眼下尋。

戒人弗貪大局。而為假地所悞。

一句子曰。世人喜放開眼孔。說大話。所見多在百十里之外。而不知作何收拾。反不知一鉤一曲。為受氣。真而得力。專也。吉地方々有。取之不禁。用之不竭着。

造物者之無盡藏也。指為塋壇舊墓所占者。其人之心術學問。俱不可問矣。試思後此之大富大貴。又豈謀占塋壇舊墓而發者。天地無窮盡。人自不識耳。

蔣生二十慈親喪。幾度拜人求吉葬。家破多因買地差。身衰半為尋師浪。幸遇真人無極子。授我玉函法眼藏。十年冥悟徹元微。萬里探奇走烟瘴。識得天元造化根。花

前月下天機於此書不是術家書河洛龜

龍太極圖義文周孔心相授夏禹殷箕義

不磨管郭遺文多僞托楊曾口訣世間無

若不傳心并傳眼青囊萬卷總糢糊天涯

若遇知音客留取雲陽醉後歌

此章、自序得傳之由發明作歌之意而

歸重於口授

一句子曰、傳心之法難而易傳眼之法

易而難。傳眼而不傳心，則取局是而下局非；傳心而不傳眼，則下穴是而取穴非。未免得一半失一半。惟兩得其妙，方臻至詣。然而難矣。

天元歌二卷
是論山龍

天元歌二　論山龍

昔日華山陳處士演成太極傳當世推原天地未分時只有坎離水火氣二氣盤環不相離清者為天濁者地坎離一交成乾坤製造大圜如冶鑄黃輿乃是冶中灰水火薰烝積滓翳山情剛燥火所凝骨骼成撐為砥柱

首章原推渾天化生之始天地山河成

象之初。

一勺子曰、水火兩交。而後乾坤成。風水兩得。而後奠穴。見鑄造大圜者無極。水火煎烹者太極。太極一定。而陰陽分。吉凶見矣。

崑崙高頂九霄中。此是中天泰帝宮。海外三山幾萬里。總與此山脉絡通。陽脉東南来震旦。如人正面向離風。故生聖哲来東夏。實與肩背不相同。大幹三條分主輔。三條各有帝王龍。帝穴龍神五百里。若然百里。作。王。宮。但有特龍。來。數。里。亦許功名。鑄。鼎。鍾。

槩言天下三條龍脉、大勢。

一句子曰、帝穴五百里。若然百里作王宮。非直龍不歇之謂。亦非大跌大斷之謂。總在格龍。定。卦。出卦。八卦。上講究。任

其變七化化三灣首尾一曲兩頭五百里不出卦一百不出卦是有一定之法以御變動之龍者不得口傳何從夢見

欲識龍行先識起龍若起時勢無比高山萬仭削芙蓉千里層巒皆俯視此龍多生水火形放下羣枝行八際一枝一翼有龍神正龍當向中央去只把江南大勢看南龍起頂是黃山左翼九華開內府右翼天

目敞東藩。正龍鈎曲神仙府。直到金陵龍虎蟠。山形一。起一。龍分數起數分。龍力尊。神龍分去。非無穴。正幹偏枝力不勻。

言真龍起祖、分枝之理。

一勺子曰、今人動說枝幹。而不知幹中有枝。枝中有幹。隨手拈來頭頭是道。順理踏去。片片是龍。吉地方方有。幹龍處處現。但有雨露不同。人事亦異。有時幹枝俱若朽木。嫩芽大結碩果。五方之風土不齊。而山川之發洩有時也。看龍看起。復看斷。凡屬正龍。斷復斷。斷斷時百里。失真蹤。穿江渡海。情無限。山根委曲。地中行。不是仙人隨着眼。

言真斷復之妙龍。

一勺子曰。大龍跌斷。乃有精神。若穿江渡海。其理雖是。亦不必神異其說。惟以

委曲地中行有跡可見者論之而無手
足無頭面無起止者以頭陀之說為匹
識得斷龍方識結穴元微最難說世人
求穴近大山且要案山龍虎夾豈知大山
龍未歇縱有窩藏及走滅真龍偏結曠野
中湧躍奔騰不怕風饒他落在深巖裡也
要平坡萬象空好龍湧猛向前奔從龍不及
過關門譬若神駒日千里難將凡馬望其

着眼

留心細看

壟。亦似三春抽嫩笋。從龍如籜抱其身。一朝雷雨干霄長。節高籜落不相親。時師只怪無龍虎。真龍真虎穴中鑽。會得天然龍虎睛。浪打風吹皆樂土。

言結穴變化之奇。辨時師取用外砂之謬。

一勺子曰、天然龍虎者。輔弼兩宮有水。或有低界中間脈到有輔弼二星以清其。氣。一任浪打風吹。及成具。上。福。地。龍神隻隻顧祖宗。如子戀母兩相從。若不祖。山。為。正。案。另求特案。配。雌。雄。百里真龍。百。里。案。賓主威嚴。真。正。伴。莫言作案便非。龍。但是高。峰。都。不。賤。

言真龍、相朝相顧、自然之理。

一勺子曰、另求特案配雌雄。是龍對。案。止。之。雌。雄。百里真龍百里案。是以案

着眼
生峰開帳是認
脉之頭角羽翼
簏枝出細好花
房老蚌生珠光
滴滴正認穴所
也

龍之雌雄賓主威嚴是好主賢賓之雌
雄作案亦是龍高峯都不賤是另去另
配脫換之雌雄

辨穴先須辨落脉落脉乃是穴消息頂上
生峰脉頭角兩旁開帳脉羽翼簏枝出細
好花房老蚌生珠光滴滴也有好龍無脉
看高岡平阜只粗頑彼處祖宗多脫卸數
節之前骨相完大率真脉有二種連脉飛

細看

真龍大盡
貴非常

脉精神逈連脉真踪在本山飛脉他山復
一遇本山定是結蚕頭他山并作拋珠弄
也有飛脉遠數里起伏愈多龍愈美時師
只道餘氣長或說羅星水口當豈識真龍
饒變化草蛇灰線最難詳教君到此須求
盡真龍大盡貴非常近山飛脉不離土遠
山飛脉石中數若無真石盡浮泥總是人
工難認耶

真龍石始奇

詳辨真龍出脉變態。

一勺子曰脉中變化。脉内精微。此章盡之矣。

與君細論石中機。石是山中骨髓滋。時師只怕石無穴。誰道真龍石。始奇。真鉗真窩石。內藏。真龍真虎石。兩旁。識得枕棺。龍口。石。千山玉乳灌。心。香結穴之石。此中推。行龍之石脉懷胎。不審其中元竅理。滿山頑

着眼

石豈堪裁。試言結穴有二品。石穴土穴亦相準。石穴當的。是窩。鉗。愼莫鑿傷龍骨髓。土穴太。極。暈。中。包。內象分明。外。象。隱。窩鉗土色不須論。太極重輪。仔細。尋。眞土原來石變化。不同凡土五華文。世人鑿穴但求土。若逢凡土枉勞神。

言土石二穴眞機。

一句子曰止於石。不得不葬於石。止於水、

不得不葬於水。庸術以土色誑人。余見有五色全具。而葬下大敗者。龍不止也。用松樹石塊。在水中砌起安棺。用石工打開。在磧石作塋。俱大發者。龍止也。只要詳。其來。知其止。何必問其是石是水。是黃土是黑土。

問君下穴有何法。正龍正下是真訣。時師只說沖腦門。每向龍旁尋倚穴。精華走失發不全。左右偏倚房分絶也。有真龍偏側定。龍是側。來穴是正。此是龍神一轉。頭結頂。垂唇。巧。相稱。

言下穴之法。

一句子曰、龍是側來穴是正。一轉移間。有結。頂。垂。唇。則所下。下處。仍然。是正。穴精華走失。正龍偏下誤之也。

語君結頂是真訣。披肝露膽向君說。龍不

龍不起頂非真龍
穴不起頂非真穴
乘金之義

起頂非真龍穴不起頂非真穴結頂名為結真穴穴星圓潤產真金世間萬寶金為貴此是真陽露妙形真龍大地皆同遇看真金莫放行亦有穴星無四曜不離金體是真精

言真穴起頂

一句子曰此章即乘金之義

無極天元無別說只曉真龍并真穴識得

接氣穴法

天元歌

真龍真穴晓。天機造化任我奪。不得真龍並真穴。我師更有方便法。傍枝傍脉有来情。只要穴後生一窠。緊粘窠下作穴星。此法名為接氣訣。人丁財祿兩豐盈。亦堪衆子登黄甲。君看當今富貴墳。大抵接氣非真結。

言接氣穴法。

一句子曰、緊粘窠下作穴。亦堪登黄甲。

發丁財。但接氣之法。最微。倘所接非所接。則走入火坑矣。可畏。

亦有真龍向前行。腰間脊上。有三停。湊着龍身下一穴。此作騎龍斬氣名。

言騎龍斬關穴法。

一勺子曰。此即貼脊葬法。湊着龍身斬而斃之。最巧。

真龍餘氣。本氺穴。撞背來時氣未絕。亦有

龍旁。一。脉垂。是號流。神。皆可。發。世人見發
識真穴。豈識龍領剩明月。
此章、言不得真穴。而得餘氣流神二種。
可發。
一勺子曰、上言案上可葬。又言龍腰亦
可葬。至此言餘氣亦可葬。遍地盡成黃
金。陌無奈俗士不知。唯有德之家。默合
其機。莫或使之。而若使之。此真龍正穴

着眼

之所以長留今古。而用之不竭也。

囑君受穴際。中。粘。莫嫌湊殺。出。毬。簷。得龍脫。脉。真。元。散。受水乘風禍不淺。

申言葬法。不宜脫氣。以下、指出諸穴忌格。

一句下曰、陰基最忌脫脉。故宜際扦。眞元一散。則穴內水入。穴內風吹。禍害不淺。

忌空窩

我有真人枕中記。說盡葬山諸大忌。一一分明告世人。廣度羣迷長生意。第一切忌下空窩。空窩積水寒氣多。葬下淋沮骨腐爛。子孫絕滅可奈何。凡有水淋生大咎。左淋長子先不宥。右淋小子少安寧。當背淋時皆莫救。穴無貼肉若坐空。定有淋漓況穴冲。水淋割脚猶堪忍。水若淋頭立見凶。

言穴忌空窩

忌平坦

一勺子曰凡空窩之地。飢中無肉。多犯水淋之病。今人但取對朝明堂美麗。而不知穴無真氣。朝迎空設也。凡土皆可葬。惟空窩不可葬。

第二切忌下平。坦。穴中平坦寬。情散。坐後全無貼。體。星。平坡漭蕩生憂患。

言穴忌平坦。

一勺子曰平坦穴。坐後有貼体星。亦可。

忌天風刼

用。若漭漭蕩蕩。全無貼體山。又無分合龍虎。雖有案對。總不可葬。

第三莫下天。風。刼。高山頂上。空。無。穴。高而有穴。不。為。空。無穴天空。真。刼。煞。八面風搖骨作塵。此是風輪不可說。

言穴忌天空。

一句子曰、高而有穴。若吾吉、楊文貞公士奇、祖母墳。在武仙山側。高頂上、開一

大呂酉辛山頭子午兩坳用上頰作項
下頰作案無朝對亦無明堂只案下員
堆低頭千百為群作羅拜狀無後護無
龍虎是高而有穴之証
第四英下龍脇背龍自他行氣不聚縱然
後高不虛空牆頭壁下無生氣
言穴忌脅背
一勺子曰唯牆頭壁下方名龍脇龍背

然壁上有掛燈穴。牆上有草珠穴。宜知。盖穴有真机。徒爾平坦。無穴可下。則平坦之土。亦與牆壁等爾。

總之真穴少人知。只言怪穴不易窺。正脉正情。原不怪。只將福德合天機。

言真穴非怪。惟有德者當之。以上皆辨時書俗術、從來之誤。

一句子曰、天下從無怪穴。只吾輩學力

淺陋反以怪誣山水喝天地罪何如之恨煞堪輿萬卷經當年曾有滅蠻名假他楊曾為正訣不誤蠻夷誤後生陰陽兩淨卦中來陽龍節節是陽胎陰龍剝換亦如此只取清純向首排若是嫩龍終是嫩乾坤艮戌皆英傑若是老龍終是老癸辛亥艮未為寶浪說貴陰而賤陽天下奇龍扦葬必

辨貴陰賤陽之非。

一句子曰、世間美穴。被天下偽書說壞。想偽書最有益於天地。偽人天相。及獲大名於天下。天盖以能留混沌之功賞之也。

五星只取影中形。九星變化亦非真。撰出後天生與剋。豈解先天大五行。先天五行無生剋。一陽變化皆。太。極。真木原從土裡生。眞金本是水中出。語君莫避剋胎龍。木金水火原非逆。

辨星体五行生剋之非。

一句予曰、先天五行無生剋一語。就先天言之也。若西木東土。南金北火之峰。為先天所生。總可取用。至後天之用。而生剋見焉。非以西金不能剋先天之木。而可以剋無形之木。則無形之木為死木而有形之木。及受西金之裁取成器。而作有用之材。不能深究者。反以木居西兌為嫌。究哉。其南金、北火、東土。隅及可也。

更把方隅分五行。左回右轉別陰陽。生方旺地求高峻。堪笑時師掌上尋。生龍本有生之情。死龍亦有死之形。生生死死隨龍變。豈在方隅順逆行。

辨方位五行生旺墓之非。

一句子曰、龍之生死。不在左。右。旋。不在順。逆。行。其情其形。當於大易。見田、躍淵、飛天。等。義。求之。知此、時乘六龍以御天。之。龍。方是眞生眞死。故此章有隨龍變之説。

或取喝形來點穴。此是仙家留記訣。好訣難明告後人。記取眞形揣摹合。混沌分開郎。有。山。世間萬。物。後。來。添。器物衣冠時。代。異。那得生成。太。古。前。子微玉髓巧分明。只為峰巒論坐星。若說龍胎真有相。後人虛揣失真情。

辨喝形、點穴之非。

一勺子曰、有形之地。名之以形、亦可。無形之地。何必強名之以形哉。但當究其是地非地。不必問其有形無形。

要分清

山上龍神不下水。先賢真訣分明語。時師却把水神論。衰旺順逆分無已。誰知水法不開山。失水乾龍會上天。直瀉直奔通不忌。蝦鬚蟹眼莫求全。

辨山龍講水法之非。

一勺子曰、直瀉直奔。不忌蝦鬚蟹眼、莫求。是大氣大住之地。不是王侯。即相公。若不奔不瀉。而有蝦鬚蟹眼者。是一句一曲之地粟陳貫朽旺人丁。

雲陽本是先天老。衆說紛紜如電掃。血淚沾巾歌再哭。天机洩盡誰人曉。

一勺子曰、此書一出。盡掃衆說。獨歸於真。血泪沾巾。仰窺苦心。

天元歌三卷。是論平洋水龍。

天元歌三　論平洋水龍

天下平。洋。大地多。平洋龍法更如何。世人盡說平洋訣。都把山龍擱摹。平龍原不與山同。郭璞分明說水龍。水龍一卷從来秘。不許輕傳洩化工。我代雲陽行曾度。一言爲古鑒鴻濛。神呵鬼責甘心受。造福生民在掌中。山形来。路有。根。源。大地平。鋪一。片。毡。首尾去来。無。定。脈。分枝過。峽。不。須。言。

天元歌　十二

妙理如繪

莫把高低尋起伏。休猜度水復穿田。山是真陽神在骨。地是純陰精在血。人言生氣地中求。豈知地氣水邊流。流到水邊逢水界。平原灘氣盡堪收。

言平洋之穴。以水為龍。與山龍來脈迥異。開千古所未曉。

一勺子曰、此章俱以水龍喻山龍。至流到水邊逢水界二句、將水龍成格成局。

一提其綱

水龍原不異山龍將水作山以類從水龍即是山龍樣枝幹分行事事同大江大河幹龍形小溪小澗枝龍情餘水游蕩必真穴猶如高山無正結枝水屈曲情相得譬若成胎有落脉

言水龍行度與山龍枝幹落脉格法一體

一句子曰、此章可反其辭云。高山頑硬無真穴。猶如遊蕩無正結。枝葉屈曲情相得。譬如小水發龍脈。

山性本火主炎上。水性純水主潤下。炎上高起是真龍。潤下低蓄是朝宗。山穴後高。丁。祿。咸。水穴後。高。絕。無。蹤。

水龍山龍。取用高低之辨。

一句子曰、炎上高起是真龍。須知是龍。

辨清

且不是脈潤下低處是朝宗要知是宗尚不是祖脈之前是息脈祖之下方有父母而後可言交媾陰陽也

自上而下山之止自外入内水之止山来多止止求真水来多止止貴神若是止形皆可穴須山須水盡黄金

言水龍與山龍各有真止

一句予曰山以高處為祖故氣自上而

水行有轉是真結轉愈多穴愈妙尤妙在轉而不分

細着眼

下水以深處為宗故氣自外入內惟有認得止處則頑山可扦頑水可扦其元關在此

我有水龍真要訣水行有轉是真結直龍直去龍之僵有滑有動龍之活一轉名為抱穴龍抱穴富貴在其中二轉三轉貴不歇四轉鄉相不須說轉處不分名息道轉入分派名漏道惟有息道是真龍漏道多

顛總成空轉水不漏皆堪穴不必止處求
盡結盡結原來是龍頭轉處腰腹亦兼收
龍頭偏側俱精妙腰腹完全力始悠

言水龍轉結真機

一句子曰一轉字是水龍取穴真義轉而不分開無瞞口又滿則水龍成而真穴見

求全不用水來多一道單傳養太和更有

着眼

砂龍從外護愈多愈美酒添酥雖聚羣龍來輔佐還從一道作龍窠

言水龍結穴以內水一道為全

一勺子曰一道單傳是枝水獨見環繞砂龍外護是枝水任中幹水在外或外處又有數枝水以助本身之力而愈助本龍之氣即內醇外肆力量更大故言愈多愈美後二句仍以一道作窠為主

水龍交氣

而以群龍來護為佐慎勿誤認致貽莫
大之咎
別有雌雄兩道交交時却似馬同槽此是
水龍奇妙格相吞相戀福難消
言水龍交氣之穴
一句乎曰兩道明河交氣似兩馬同槽
不見漏道故云奇妙
水中亦有穴龍星五曜時時現正形五曜

只求金。水。土。木身有轉土之。情。直木尖火

皆最忌。水形吞吐露金精。看應三台并列

宿。官階職品最分明。但取穴星親切處。不

離金土蘊真靈。

言水龍星體。

一句子曰、水龍星體。以金。水。土三着、為

吉。而以木直、火尖、為凶。木須有轉。則化

木。成。土。火可截角。裁火。作。金。若從對面

細看

失來雖截無益

左星論之穴應裁三法于秋慧眼開坐水騎龍爲上格挾水倚龍亦佳哉向水攀龍非不美後山有水始無哀掛角斜飛三法定貪覩漏道損龍胎

此首指水龍裁穴之法歸本於坐後有水而最忌漏道

一句子曰、坐水騎龍是平洋秘義挾水

倚龍更有法度若不合法亦不可倚向
水攀龍易葬然歸本於後山有水掛角
穴亦似於倚而葬法頗難初學者以三
法為正総不可悞於漏道下穴
龍胎雖固称人心遠水安墳死氣侵占着
水痕拼貼陰陽交度自生春
言水龍下穴貼水之要
一句子曰遠水安墳死氣侵是遠水不

着眼

救近火之意但大水宜遠小水宜近穴
　高處宜遠平處宜近不可不知
平原春到好栽花把住盈虛氣脈騐真水
短時結氣短真水長時寬可誇長龍定主
源々貴短龍只許富豪家平氣不如環氣
足龍逢轉動變萌芽更有一端分別處淺
深濶狹辨龍卑
　辨別水龍穴氣盈虛福力厚薄久暫之

異。

一句子曰、真水長、短。可知福澤遠近淺深、潤、狭。可驗富貴大小。

水若乘車號秀龍。空車湖蕩是痴龍。得運痴龍尤富貴。外清內氣要相從。滞秀痴龍能顯赫。痴從後蔭福無窮。

此言湖水、蕩龍格式。

一句子曰、枝水有轉。謂之乘車。轉多不

分謂之帶秀轉而有分謂之空車湖海
游蕩謂之痴龍得運痴龍尚可用空車
則不可用又要外蕩氣清不雜內氣來
止有力若外氣既清內氣不奪或湖蕩
帶轉灣依其富貴尤大不然只可用於
腦後陰襯不可用於前朝
從來水路後天成不同山骨先天生山骨
培補或不應水脉疏瀹引真情當年無着

脩龍法。脩着之時。且夕。靈。莫道人功遜天造。江淮河泗禹功平。

言水龍修補之妙。

一勺子曰、枝水屈曲可用人力裁成與山骨天生者、不同。但山骨培補得法。亦多有驗。監本、作終不應。余將終字易一或字。始無語病。

以上、皆論水龍巒頭體格。以下、論理氣。

作法。

水龍剖盡骨生香。入用元机不可量。八卦三元並九曜。毫釐差錯落空亾。問君八卦如何取。洛書大數先天規。五帝三王緯地書。九州九井多經紀。只把旁龍一卦藏。莫憑三八分條理。識得九龍龍骨真。骨若不真飛不起。

言水龍八卦穴法。

着眼

一句予曰、洛書九數。是龍骨。真精髓。旁龍一卦。是取龍真精髓。

九龍入卦貴乘時。上下三元各有宜。葬着旺龍當代發。葬着平龍發跡遲。葬着衰龍憂敗絕。縱然合格亦難支。不是入龍齊到穴出元之穴莫相依。

言水龍入卦、三元氣運衰旺。

一句予曰、乘時二字。本於易時乘六龍

細會

以御天也。九龍入龍。總以六龍生旺死
絕、衰、囚、主之。局或合格。而龍不乘時。諸
顛倒。用。之。亦。可。然有不能顛倒之處。則
為出元。必不可下。下之有凶。
定局惟看貼。水。城。毫厘尺寸要澄。清。更有
照神能奪。氣。外洋光透。失。宮。星。宮星若重
平分勢。照神若重獨持衡。外照過多光氣
亂。必定分房運改更。更有水龍真骨髓。只

將對脈論來情。來情若在真元位。諸局參差一半輕。轉折短長絕雜霎。此中消算眼惺惺。

言水龍宮星照神。而氣無論之法。而歸重於來情。

一勺予曰。水龍以局內宮星為主。照神奪氣。以其光透力重也。轉折短長。一覽可盡。消算惺惺。一毛不差。

此書毛字當作毫字

天元歌。是重三元之生旺。即不得不輕長生之生旺。

三元既辨龍力旺。九曜不純龍力衰。秘是山家大五行。納甲爻中。應天象。五行二曜轉乾坤。真命天樞萬化根。在天北斗司元氣。在地八卦顯天心。四吉四凶。分順逆。父母一卦。顛倒輪。向首一星災禍柄。去來二口。生死。門。青囊萬卷無非假。惟有天玉是真經。元空洪範並三合。八曜黃泉枉問津。尤恨去來生旺墓。害人父母絕兒孫。

言水龍真訣在九曜大五行立向消納惟此為重而力辨諸家理氣之非二句子曰山水大五行即大元空也庸人不解又揑一小元空以亂之而豈知道家曰元佛氏曰空在吾儒則曰太極地理者學儒不成去而學地不敢言太極又非釋道之比故合而名之曰太元空即無極太極之意而稍異其稱逮將

平岡平原法亦講得清

合儒釋道。所進探其秘與。更說高原無水地。亦有隱穴在其際。乘高臨下。即江河萬頃。低平能界氣。高低數尺合三元。一旦鰲華諸福臻。若坐低空在後山。數世簪纓常不替。

言高低隱穴之法。

一句子曰。宇宙至理。無過空實二者。高原無水界。高即實。低平即空。數尺之高

空實之秘

乾流水法

既實數尺之低既空也實即氣也空即所以界氣者也萬頃低平其空加與江河比是以平岡之脉每發大貴其高低數尺耳何以諸福昆臻與由於俗士不知空實之秘也

江北中條平地龍無山切莫強尋踪雖是乾源無水道溝渠點滴有神功隱隱微茫看水法葬法實與江南同我向乾流指真

水能使學士開心胸

言中州無山平地取乾流為水法與江南似異而實同

一句子曰無水之地即點滴之微力比江河謂之寬水以其動機能界氣也

高山坦處近平田莫作山龍一樣看若遇乾源或際水亦將此法輪三元雲陽留得三元訣須向人間種福緣

言山麓之穴，無論水局三元另一格也。

一句子曰：平岡處，即乾源稍低，即作水論。

語君葬水勝葬山，葬山歲久氣方還。水葬忌龍并旺運，三年九載透天關。山本陽精中挹陰，陰精是水陽內存。葬陽得陰陰滲長，葬陰得陽陽驟伸。

此發明水龍速應之理。

蔣中陽子、杜陵人。與篇首蔣生二十慈親喪。身衰半為尋師浪同意。上是明得真傳主。此是言授給于人。

一句字曰、水之應驗極速。山之力量能久。二者兼勝。不較長短可也。

楊公昔日救貧法。但取三元。水龍。合王侯將相此中出。無着禪師金口訣。杜陵狂客不勝愁。四十無家浪白頭。只為尋山貪幹氣。蒼昔古道漫淹留。水龍一卷贈知已。大地陽春及早收。

一句字曰、水龍一卷贈知已。大地陽春

天元歌　四十

及早收。安親福後。一串兩得。今逢太平之盛。天下之知已頗多。擬將何以報之。

天元歌四卷是陽宅論法

天元歌四　論陽宅

人生最重是陽基。都與墳墓福力齊。宅氣不寧招禍咎。骨埋真穴貴難明。建國定都關治亂。築城置鎮係安危。試看田舍豐盈者。半是陽居偶合宜。

言陽居與陰地並重。為建都立邑極大作用。

一句子曰、此章語意。歸重陽宅之應驗。

極遠而陰基稍遲

陽居擇地水龍同不用前篇議論重但比陰基宜濶大不爭秀麗喜粗雄太蕩大江收氣厚涓流點滴不關風若得亂流如織錦不分元運也亨通

言陽居法亦如水龍故不須論而必收局濶大乃可容受宜擇多水曲折之地即非本龍亦能發福

亂流如織錦不分元運亦亨通蓋宅陽之最貴者若陰宅遇此则大忌之

着眼

一句子曰亂流支河爲陰宅所忌其陽宅所喜一線之脉陰宅貴精濶大之局陽基威嚴不散亂則不見濶大不際東則不見線脉二者相反而實相成也

宅龍論地水神裁尤重三門八卦排只取三元生旺氣引他入室是胞胎一門生旺兩門四少有嘉祥不可留兩門交處一門休大事歡欣小事愁須用門門都吉位全

家福祿永無憂。三門先把正門量。後門房
門一樣裝。別有旁門並側戶。一通外氣即
分張。設若便門無好位。一門獨出始為強。
言陽宅門氣。
一句子曰、門門都吉位固好。一門獨出。
必不可少。
門為宅骨路為筋。筋骨交連血脈勻。若是
吉門無惡路。酸醬入酪不可斟。內路常兼

外路看宅深內路抵門欄外路迎神並界氣迎風界水兩重關

言陽宅路氣

一句乎曰、迎神、是直來曲來之路界氣、是橫止低止之路

更有風門通八氣檔空屋關皆難避若遇祥風福傾臻若遇煞風殃立至

言陽宅風氣

細心記取

一句子曰牆空即隅空八風是竅者祥
風吉煞風凶最快且速
矗矗高高各嶠星樓臺殿宇同一評或在
身旁或遥遠能迴八氣到家庭嶠歷旺方
能受蔭嶠壓凶方兜氣侵
言陽宅嶠氣
一句子曰嶠屋有山谷平陽之異有遠
近高低之分在身宜煞方當遥應宜

宅前逼近有奇峰
不分衰旺皆成凶
指頭咫尺巍峩起
秦山倒壓有何功
言陽宅逼氣

生尅壓旺受蔭壓凶鬼侵是指逼應都
冲橋冲路莫輕猜須與元龍一氣排冲起
欒宮無價寶冲起因宮化作灰
言陽宅冲氣
一句千同、冲橋冲路要排元龍冲欒、是
寶珠冲臥下火坑
村居曠蕩無攔鎖地水無門一同取城巷
稠居地水寬路衢門橋并同權

言鄉村城市陽宅之異。

一勺子曰、曠野造房。一地、二水、兩門、四空隅。城市造房。一路、二空隅、三橋星、四門。蓋宅內以空隅。內路。為重。宅外以大路。水。橋。為尊。城市鄉村、皆然。兼收者故妙。兩失者不發。盡反者、立生敗絕。

一到分房宅氣移。一門恆作兩門推。有時內路作外路。入室私門是樞機。當辨親疎。

竝遠近摘文換象最神竒。

言陽宅分房。

一句子曰家主興衰以卧房爲主生旺氣層層引入到內雖屢衰宅出入亦多亨泰死煞氣若層層入內房縱居生旺宅中反主迍邅親疎以則近遠離分別路衢門牆也當其近所凶者愈凶吉者大吉若在遠則凶者稍遲藏無碍吉者

天元歌

大緩且不應矣。

論房神祠理最嚴。古人營室廟為先。夫婦內房尤特重。陰陽配合宅根源。

言神祠寢室。

一句子曰、夫婦內房論氣、以門路為主。論首址、以竈書三元合婚之式為斷。蓋承先啓後發財育丁之地。尤為要緊也。夫夜氣長存。本於竈書。其理最真最在。

正

即孔子東首受生之意。要知東首兩字
是活的。當參以天時。合以生。宮方得其
義。推之於物。雞豕、牛羊、犬馬、禽獸。井灶
錢穀。各有生方。各得其地。則無有不蕃
育者。一失其位。未有不絕滅者。其理據
於影響。此陰陽配合之說也。

入宅因門坐向空。三元執旺。宅真。宗運遇
遷流宅氣改。人家廢興巧相逢。

言八宅以門。而定。不取坐向。即氣口。友。
為紀之義。而歸重於三元衰旺。故墳宅、
有隨時興廢。
一介子曰、宅運之盛衰。不關人事之遷
移。而人事之遷改。正可驗宅運之盛衰。
以人所當廢。即住廢舍。人所當興。即居興
房。巧相逢乎。是有天焉。
此是周公真八宅。無着大士流傳的。天醫

福德莫安排只好遊年定時日逢輿禍絕更昌隆遇禍生延皆困迫太歲煞神若加臨禍福要關如霹靂門內腳腳有宅神值神值星交互測此是遊年剖斷機不合三元總虛擲

辨小遊年翻卦必準三元乃斷吉凶一句字曰間間有宅神是也要合三元以斷之若不合三元縱延生天福及多

凶敗。六五禍絕。愈見發祥。非周書宅法之之不驗。正讀八宅書之末的耳。

九星層進論高低。間架先天卦數推。雖有書傳都不驗。漫勞大匠用心機。

辨層進九星、間架卦數之非。

一勺子曰、先天卦數。不止推陽基。亦正好推陽基。其不驗者。非書傳之不驗。亦太匠之心機徒勞耳。

審開陽。正見陽基、喜威嚴濶大之局也。

山龍宅法有何功。四面山圍亦辨風。或有山溪來界合。無風無水兩相從。若論來龍休論結。結龍藏穴不藏宮。縱使皇都並郡會。只審開陽不審龍。俗言龍去結陽宅。此是時師識見庸。待取陽基釀家福。山居不及澤居雄。

言山中宅法。

一句字曰、山居人愚且樸。得三代遺直

之意者以山氣混淪是不破之天也澤居人智且巧有虛文詐僞之風者以水氣蕩漾有涇渭之辨也澤居雄乎而山居乃厚矣

陰基蔭骨及兒孫陽宅關氣養此身偶爾僑居并客館庵堂香火有神靈關著三元生旺氣吉凶如響不容情透明此卷天元宅一到人家識廢興

言陽宅蔭生人視陰地較速。
一句子曰、陽宅之盛衰。即人身之命運。吉凶如響也。宅運有時興時廢之數。人生有一得。一失之命。其巧相逢而恰相值者。即上天時予時奪之權也。古仙秘之。不輕示人者。以此。民可使由之。不可使知之。吾於此道、亦云。

天元歌五卷是論選擇

天元歌五　論選擇

地利天時古聖言。堪輿二字義相連。浪說江南無大地。但取年月日時利。真龍大地遍江南。也要天時一力添。初年禍福天時驗。歲久方知地有權。

言日時。雖不及地氣。亦同初年禍福。故當無重。

諸家選擇最紛紜。拘忌多端誤殺人。此家

言吉彼家凶。對盡諸書總不同。五載三年
精一日。篤脈福曜總成空。古來天子七月
葬。士庶逾月禮不曠。年月何嘗有廢興。日
時只許論孤旺。春秋葬日滿經書。但辨剛
柔內外宜。禪竈梓慎俱博物。豈昧陰陽誤
萬幾。諸家選擇最虛唐。斗首元辰失主張。
奇遁演禽皆倒亂。不經神授莫精詳。世人
蠢擇重干支。生命凶命皆相持。致使子孫

沖犯衆多年不葬孝心違。

辨諸家選擇之非。

豈知死者也無命。反氣入地。復為命。復命能同造化權。生者命。從葬者空。古有仙人遣命訣。不是干支字評法。渾天寶照侯天星。此是楊公親口訣。不怕三煞太歲傳陰符。空亡俱抹煞。年月雖命有何妨。退氣金神都亂發。一卷天元烏兔經。留與人間作

符

寶筏。

此直指選擇造命。而歸重於天星。可廢一切神煞拘忌之說。

推原天地混沌成。惟有日月是真精。金烏玉兎本一物。五星四氣從此生。人生禀受太陽氣。萬物皆是陰陽萌。聖人觀象演曆法。干支甲子作天經。五行俱是陽中氣。神煞何曾別有名。只將日月司元代。萬物森

毫釐

羅在掌心。

言造命天星、以日月為主。

世間萬物各有命。不但生人男女定。造物制器可同推。脩造埋葬咸取證。日月五星大象同、一時八刻一移宮。造命元机時作主。毛釐千里不相同。

言萬事萬物各有命。而其機在時。

先將晝夜別陰陽。晝夜晨昏日月詳。

此論用日月須分晝夜。

十二宮中三十度。大約六度是分彊。盈縮授時毫末細。豈天廣尺未能量。二十八宿七政明。論宮論度要平分。深則論。宮。淺。論度。一分一抄不容情。命入躔宮變五氣。日月隨命分五行。五曜四維扶日月。生尅衰旺準天秤。最取用星為福曜。有恩。有用。作干。城用。若奪權。為上格。忌星一雜。福。斯輕子丑二宮屬土。
寅亥二宮屬木。
卯戌二宮屬火。
辰酉二宮屬金。
甲巳二宮屬水。
午為日。
未為月。

此論十二宮度纏。命宮五行。而歸重於
恩用。
一句子曰、用奪權。如冬、用火羅作土山。
立土命。子丑土二宮。得火羅二星、到山到
向到命。或三合拱照。是火來為恩。或立
卯戌二火宮山命。有火土二星關照。是
也。

用曜一星落何處。陽時陰候分邊際。冬夏

二至陰陽極。春秋兩分是平氣。平氣陰陽用可無宮。極之時禍福專。陽令惟用金孛水。陰令惟用羅與火。秋木獨宜水無孛。春土火羅金計土。春在分後須陰助。秋在分後宜陽輔。

此節論四時用忌之變。

一勺子曰、冬至一陽生。故冬用火羅。然復卦一陽五陰。故云陰令。夏至一陰生。

故夏用水孛。然姤卦五陽一陰。故云陽分。春分之前。氣用火羅。春土火羅金計土也。春分之後。氣用水孛。平氣陰陽用同兼也。將近立夏。純用水孛。秋分之前。氣用水孛。秋木、獨宜水氣孛也。秋分之後。氣用火羅。將近立冬。純用火羅。為陰陽當極。

十二宮所屬。子丑二宮屬土。寅亥二宮屬木。卯戌二宮火。辰酉二宮宮生命與山者為恩星。命宮與山所生者為用星。尅命宮與山者為難星。命宮與山所尅者為忌星。

金巳申二宮水。午屬日。未屬月。凡太陽所坐之宮。將用時加於太陽上。逢卯、即安命也。 恩難仇用以安命宮與坐山為主。如立命在亥。亥宮屬木。以水為恩。以火為用。以土為忌。以金為難。以木、為本。更合以陽時陰候。推排無收為妙。宮辰星體兩無收。

一句子曰、宮是安命之宮。辰是所用之

山。星、是陽時陰侯之星。而無收、謂坐山與天星。俱屬命宮堪用。而兩相合也。

前度後度要深求。

一句子曰、此言兩宮分界之間。務詳中氣如丑艮二宮。前一度屬土。在後一度、仍屬木之類。

尤向五星探伏現。逆來順去并遲留。三方對照繫相隨。向宮隔宮一例推。拱夾有情

備言

權力大日月交變格尤奇。

宮辰星體向至此備言宮星忌用諸正變之格。

身當旺令不須恩。

一句子曰如登火命不用木助之類。

但將用曜作根源。

一句子曰如以火為用即以火作根源。

但將火羅二星與山命對合拱照。

平令、獨恩難發達。

一句子曰、如春立木命。則以水為恩。然仍屬陽令。獨用水星。難以發達。當無用火羅。乃為有氣。即平氣陰陽用可無之義。

衰時得用尚無慈。

一句子曰、如母被鬼剋。子救則安。

以恩為用真、至寶。

一句子曰如冬用火羅。命主恰是土之類。

以難為用多起倒。

一句子曰、如秋用金水。命主、恰是火之類。

以恩為忌壽而貧。

一句子曰、如參立水命。以金星作恩。為令星火羅來是。然金能生水、故壽。以火羅令魁。故主貪也。

以難為忌、身不保。

一句子曰如冬立金命之類。以命為令星火剋、故身不保也。諸局要訣。總以冬、宜用木、土、火、山命。夏、宜用金、水、木、山與命也。

一身當旺令句至此。此總論恩用兼合之法。

一本宮端的管初年。宮若不純須合論。必取

宮身俱妙合。長安花滿任揚鞭。

論宮星并重之法。

就中暗曜最難知。空地翻同實地同。寅戌

兩宮光在午。亥丑二曜子中依。

言暗曜變格。

更有橫天交氣法。寅申有曜夾宮思。巳丑

卯宮亥未酉。短長多寡慶中移。

論橫天交氣法。而借亥卯酉為例。

天元歌 [illegible]

衆老星宗些的傳。星書卷卷失真詮。諸般星局皆虛假。升殿入垣莫掛牽。

辨星書、諸格之謬。

月逢晦朔皆為福。何必蟾光三五圓。但忌陰陽當薄蝕。七日之內勿爭先。太白晝見經天日。難忌洪恩究大權。

論晦朔日食宜忌。

日魂月魄命之根。五德五星應五倫。掌握

乾坤惟此理璇璣經緯治斯民劉公昔佐
真主建國行軍掃大荒無奈歷官多失學
增添宜忌漫平章天元秘寶今朝發傳與
羲和佐盛唐
推原造命法術於天官歷法大作用
雲陽五曲號天元雖偶人為實至言普願
智愚咸聯悟通之便是行地儀其中奧旨
須尋味慎莫差訛累後賢

篇末揔五歌。而致其丁寧告戒之意。

天元五歌終

古鏡歌上卷

下卷

玉函真義古鏡歌上卷

華亭蔣大鴻中陽子平階著

永寧丹有本一勺子發義。

△辨五星吉凶體格

五星理氣貴研窮。格局分明造化工。實地員成金水土。空中水路亦相逢。端然正曜人皆見。幻出奇峰世未通。醉後宜呈千萬變。治成古鏡發愚蒙。

此節言五行卦氣固貴分明。而五行星體亦宜審察。非特實地、要得金水土三星體格。即轉動灣環之形。亦宜得此三星格局。但五星易測。而變體難明。予故詳之以覺世耳。

一切子曰、此篇、講究水、龍山、龍氣運而先從五星形體說起。蓋理氣原從形勢上講出來。又曰、此書每節原註。切實的當。要是中陽子自注。玩予故詳之句。

可見。

金星

金。星。員。滿人知必。轉尖峰角如雞爪。盡處結成鉤曲樣。灣身復似絲綸絞。放洋轉處中抽細。牛角不正不滿飽。人字貪頭尖又尖黃。金只怕火形擾。

言金星本爲美局。而變體則凶。大抵金體、易成火局。如轉角之處。如雞爪樣。或到頭轉灣如鈎曲樣。或兩邊放洋。中間抽細如人字貪頭樣。似乎金體。而實則火局。辨其為火。而金星之妙用得矣。

一句子曰、鼻濤二字。品盡金星之體。雞爪、鈎曲樣。則似金而實火矣。人字貪頭。雖亦金體。卻屬火曜。不美。

水星

秀麗水星如玉帶。搖頭擺尾反狼狽。斜飛惟倩火形論。反出不同難避害。繩索乾流

非柔軟運動不憨惡居最灣身不是龍蟠
樣。莫謂水來稱美瀨。
言平洋固以水星為貴格。但變體易成
龍擺樣。至於斜飛之水。固作火形論矣。
即一灣而出。不再灣而轉。雖灣而非水
體。大抵灣環之處。必要節節整齊。始算
水星。若搖頭擺尾。雖為水之變體。或乾
流如繩索相絞。而不成龍格之樣者。終

土星

非隹格。辨其非隹。而水星之妙用得矣。一句子曰、玉帶龍蟠。水星吉體。若擺頭擺尾。雖屬變體。但運動不整。固非斜飛返出繩牽變成火體之比。但擺頭意態。有遊蕩漾亂之嫌。

土星。整頓。稱佳格。長短觀來要辨明。頓短橫過槽器樣。直長即是木生情。丁前又有丁居後。方正斜歪已不平。短不蒙天皆破體。顧君不必歎崢嶸。

平洋貫乎土星。但變體、横者猪槽。直者如橋木。皆非佳格。或前丁後丁。誤認為土者。葬下絕人。辨其凶、而土星之真情出矣。

一句子曰、方似。棋。盤。正如。平。几。硬短着是土星正格。若直長、丁字、斜體。便非土體。

木星

木星僵直無生意有轉分明是土星體象員如執笏樣朝來郡似翠雲屏方山子帶方冠帽正直無偏州縣庭不是來去直里許誰云水口不宜丁

言平洋木星最忌直僵但木星有轉即土之形或如笏板樣或如插屏樣或如衙門甬道樣皆是土之妙處要之長而俠者爲木短而濶者即爲土矣直里許

火星

者言其長也。里字不可拘。若偃死、即半里亦不可用。

一句子曰、木星長直似射。故不可用。若正直無偏、變化作土。亦吉。

平洋火體不相臨。火若員頭即是金。似火大凡都要避。莫貪秀削禍來侵。不同木體可裁取。一遇火峰穿穴心。兩水夾來牛角樣。劉郎前度別方尋。

言平洋最忌火星。只有吉星。而混入火局。斷無火星而能入美格者。故木猶可栽取。一見火、即宜避矣。

一勺子曰、火變金者。去尖入員耳。可用人力轉移。着而水夾成牛角樣。則雖用人力轉移。終屬無用。故曰別方尋。

火龍本是異山龍。凶若莫云終是凶。和、潤平洋稱妙格。高山秀削插芙蓉。尖峰迭起。

來朝穴文筆分明學士宗若有火星無去到自然尊貴受王封

言乎洋是火至於山峰秀麗則又取火也插芙蓉者以芙蓉最高起而尖銳故爲是言也尖者峰尖層疊而來其妙即稱文筆主發文人學士受王封者只是尊貴之格

一句子曰此言山龍火星只可作朝作

祖若無土自是貴格。

△辨二十四山。逐字用度之義。

子午卯酉天元。存源流悠遠格為尊。公侯卿相本無種。小鳥逢之變大鯤。官職蔫早隨地看。只須直節對龍門。若還橫過無來綑。縱轉如車不足論。得水蛟龍能湧躍。失時魚渴便無恩。貧淫士女風聲惡。作賊為奴從此根。若要分明夫與婦。只將遠照近

四正之水法

身訣須有一端分別處子午。無休不。可。滙此節言四。正。之。妙。主得時、則尊貴。失時、則貧賤。此四支若源遠流長。自然卿相可得。如小鳥忽逢大鯤也。但官職高卑。要隨地而看。不可執一。要之、四正貴乎直、斷對來為妙。直節、非謂死直也。蓋謂大河大港。直從四。正。之。方。對。來。或九曲朝。元。或元字。曲。也。至於橫過者。全然無

子午兩分其力尤大

用。即來細轉角如車輪者。在四維則絕妙。在四正則無力。大概源遠流長者貴顯。而以源短者職卑、而斷。至於失運近則愈賤。遠、然亦賤。更有當分處。子午兩分發得長久。以其為先天父母之位。而能總領其餘三卦者也。

一勺子曰。求貴必於四正。失運反賤。公卿之子。降為皁隸。貴及賤所依也。惟喜直来朝穴。主正逆出身。若轉如車輪不足論矣。夫婦分明者。近身是內交媾。遠照、是外交媾。即洛書一六、二七、三八、四九、之四大局。以中五之地。五五相得。合二五之二山一水。媾精合氣。以凝合中五之全體。恰合縱橫十五之數。其為地下之媾合。能相地之陰質。然後能邀上天之陽精。以成男女。而生機出焉。如立坎山。由一數六。中隔五位。是近身內交。作離向。逆九數四。隔五位。是遠照。外交。合中五陽施陰抱。交界之地。兆十五乎。又如立兌山。逆七至二、得五數。順三至八、亦得五數。合中五之處。亦十五也。以山配水。以水配山。為朋為偶。同道作友。顛之倒之。相其自然。而後能合其所以然也。他若六七三四。俱無隔為雙劃。

二九八一。俱隔七位。為分卦。是以老陰
老陽。不與少陰少陽相交。少陰少陽。不
與老陰老陽相配也。此古仙龍分兩片、
精義、實遠、照近、身、確旨。合補義書。雌雄
說中。先天卦兩體合一之義。前賢俱未
道破隻字。我今一明其卦。一發其數。有
漏洩之懼矣。
辰戌丑未地。元。觀。雖然局狹亦能寬。銀錢

得用如泉湧。福祚宮同如口含。如遇天心偶一失。損傷骨肉影先單。女淫士窮成宵小。邪行偷盜實多端。

此言四季之如。得運發福。失運傷丁且賤也。

一句子曰、求財必於四庫。至失運出偷盜。天下事每每相反。想天倉人倉之側。即有刼賊伏焉。理固然與。

交媾之形為絕
索紋樣故凶

寅申巳亥人。元。吉。絲斯衍慶有兒嬰。若還
失運女先死。如逢交媾掛梁殃。
此節言四孟之女。得運催丁。失運傷女。
如逢寅申交姤之類。或如繩索紋樣。便
要縊死人也。
一句子曰。四生之地發丁。若失運則先
傷女。掛梁崩。狀巳亥二宮。尤驗。
乾坤艮巽當分別。乾艮生男不須說。葬著

旺宮有百斯。如逢衰死纍遺子。乾山乾向盡源流。大將邊陲威赫烈。若還艮宮龍脉長。開家守業何憂戚。巽坤二卦富家豪。位管田庄財不竭。得運來時財帛臨。失時還要女悲折。出、文出、武龍。要。看。灣。抱。東。輪文。脉。血。之元對堂非不美。大凡兆富強深烈。言四隅之干。乾艮生男。巽坤致富。失運傷富。但四隅龍體。不比四正。四正貴乎前對四隅貴乎轉灣轉灣之水與直對之水之元非不美要非富豪即守業耳一句子曰四隅龍喜輪轉出文貴着之元則係四正龍體而非四維之義在四繼遇之元格局及出強梁亦同四正之遇車輪及為不美也乾艮男主生男而貴已在言外巽坤女生致富而生女又在言表也要知巽坤得運非不生男乃

先生女耳。驗過千家。無不皆然。必先生
一二女。然後生男。或三四女。且亦有之。
乃河洛至當不易之定理耳。
乙辛丁癸同支正。上馬催官福祿加。如遇
失時逢此位。洛陽才子貶長沙。單行獨立
多無倚。運得科名白屋家。運移權退人皆
賤。非是土奴語如花。
四陰干、與四正合同。得運催官。失運降

綴。卯若單行得得運特貴。失運則賤也。
一句子曰、乙辛丁癸。傍子午卯酉。雙陰
一氣。故亦主貴。
甲庚壬丙富貴當。逢戶翻作造高堂。失元
卯有財千萬。夫婦平居亦獸糠。更有一端
分別處。神鋒帝釋貴、還鄉。若還四正支來、
輔。富且貴、兮賤且劫。
甲庚丙壬。得運富。失運貧也。而丙尤貴、

名爲帝釋。與四正之支。一齊同到。得運富、且貴。失運、貧且賤。一句子曰、甲庚丙、壬。發富、且喜造屋。今之玉樹瓊樓。要皆甲庚丙壬之氣所成也。即陽宅之帝宮帝殿。皆在壬丙之位。可驗。

△辨二十四山卦位錯雜。

分房一地分良枯。卦位多凶錯雜呼。富貴

不全兄弟雜丁財偏旺祖宗無。

一句子曰此四句、統論二十四山。

試觀坎位同乾六。富貴無丁後嗣孤。如遇乾宮逢一白。兒孫蟄蟄貧賤末。乾流水入朔方位。主母宣淫窮愛奴。坎水流歸乾上去。主公愛婢越尊姑。三元上下翻來看。推算分明點錯無。

此辨乾坎二卦錯雜也。坎當令而乾來

巽宮離來。離宮巽到。或坤離則全家女人有爭風之事。坤當權而兌來。兌當權而坤爭。則主中婦長婦少女淫亂矣。凡古鏡一義。俱色數義。總以山水宮位同斷。

坎水當權艮水卦。眼前歡喜悲遲暮。艮宮作主坎宮來。男子雖多如耗蠹。孤苦伶仃偏富貴。滿堂夫婦衰門祚。

一句子曰辨

坎艮此止下二句將卯巽帶過若還卯巽來相輔貴無上分賤無路

此辨坎艮二卦坎水當令而艮來錯雜富貴少丁艮水當令而坎來夾雜丁多而貧賤大抵與乾坎二卦相同若再加卯來夾雜丁多而富貴總之當運則貴者愈貴失運則賤者愈賤也

一勺子曰坎作主而艮來知暮景之可

悲。艮作主而坎來。數女人之有權孫者伶仃偏富貴。則有財無丁。滿堂夫婦裏門祚。則有丁而無財。

巽離二卦要分明。若還不明斬血脉。巽通離兮多富賤。閨門不正女淫客。離逢巽位貴中貧。琴瑟雖調弦數易。離水沖濟巽水上。弟偷兄嫂裏門宅。巽風吹入衝離宮。娣伴情郎走阡陌。

巽水當令。離水混入。富而賤。離水當令。
巽水流動。貴而貧。且傷女。要觀其水路
之去來。而知其賤中之跡也。
一句子曰、後天巽離之位。乃先天老父
少女之地。配非正偶。故主淫賤。巽通離
是少女去求老父。故主女淫客。離逢巽
是老父去求少女。故主貴貧易弦。離冲
巽、以中女而犯長女。故主弟淫嫂。巽冲

離以長女而從中多故 主伴郎走外。
兑坤二卦要詳明。一遇犬牙儀便忒。兑有
坤兮貴而貧。坤逢兑位富無色。公卿拜爵
四牆空。百富家資婦喪德。乾艮生男又喪
男。巽坤致富貧又追。四維發貴賤來臨。八
卦參差當互推。只有兑乾巽震位。水源差
錯無虞雜。

兑當令。有坤水混。貴而貧。坤當令、有兑

水混富而賤。蓋八卦各有定位。當爲推測。而詳其吉中凶。凶中吉。惟乾兌二卦。與震巽二卦。無虞其錯雜。

一勺子曰、卦位錯雜之說。總因局不同元。氣所當。別。者。也。兌是下元。而雜上元之坤。公卿拜爵四牆空。貴而貧之驗也。坤是上元。而雜下元之兌。百富家資婦喪德。富無色之徵也。

○辨二十四山遂位陰陽差錯。

八卦宜詳三字訣。一宮亦有一字法。同宮夫婦滿堂春。隔舍私情莫謂洽。壬子癸中原富貴。亥來女子死相壓。左邊丑字最無情。一到艮宮男嗣乏。

此辨坎卦一字訣。夾亥傷女。夾丑傷男。縱然富貴。未免稍减、而至於損傷也。

一句子曰、一宮三字。即分三用。錯雜左

輔布彌三宮。必犯陰陽差錯之咎。寅申巳亥陰、故傷女。辰戌丑未陽、故傷男。八宮同斷。

艮宮飽滿是丁財。如遇參差便致災。莫謂文章癸到艮。一逢癸位賤淫胎。左隣甲字貧窮子。出煞收山宜剪裁。

辨艮卦一字訣。雜癸、淫賤。雜甲貧窮。以為收山出煞之用。

一勺子曰。乙辛丁癸主貴。雜入艮坤主賤。甲庚丙壬主富。錯入乾巽主貧。其福其禍。縂在反面對出。

甲卯乙中多富貴。合同巽卦福多饒。両宮亦有一字訣。右夾寅宮夫婦夭。左逢丙位財先損。發福雖多亦慮凋。中處差池原一體。不同單卦禍來招。

此震巽二卦。中間夾雜。是同人愈多愈

離宮訣

美。左夾丙、傷財降級。右夾寅、傷女也。一勺子曰、卯巽同元。三四連宮。主四十年得運。雙卦也。

三陽富貴永無休。夾入他宮亦要愁。莫謂丁行坤位美。一通未位子先憂。如逢巳位女先死。一遇未龍自相矛。富貴人家男女折。羊蛇大槃日來疏。

此辨離宮一字訣。夾未傷男。夾巳傷女。

一句子曰離通未位損子。已位喪女雖富貴、而子女凋殘。此時師悮收、以致夭死。可憐也。知其解者。早為提轉。其造福人世。豈淺鮮哉。

坤宮得運財丁足。一氣清純福始悠。如若庚來財先損。一逢丁位賤無羞。縱然力大能支敵。巨富小傷亦見愀。閾閱各門多暗醜。只因雜亂帶薰猶。

一宮龍 十九

此辨坤卦一字訣。夬庚傷財。夬丁致賊。一句子曰。丁賊庚負。若本局力大元厚。亦有小傷暗耗。

兌乾雙卦本同財。夫婦琴和樂倡隨。左遇壬方流水到。生宮離盛富中囊。右臨申位流神至。斷定妻帑要見虞。逐字排來逐字轉。挨星一訣鏡中窺。分房更有上頭訣。左遇凶星長子虧。右邊幼子難逃害。中房前後煞星摧徵徵帶煞多爲病。如遇凶星魂魄退。轉角直流明有力。橫過暗口禍如錐。逐宮排轉皆同論。二十四山任我揮。

此節、前半辨兌乾一字訣。後半辨分房。或病或死。要看水口之有力無力。以論災禍之輕重也。如錐二字。蓋即水字之義。不但正神如此。即零神亦要分清宮位。倘若不清。禍福亦有顛倒。故零正催照當一一分清安定不可他宮混入一勺子曰左凶斷長右凶斷納中房終星在前後推此分房規矱也煞煞微存痕煞直必死轉角在四維有加直流居四正必取總忌暗口流破謂之漏道比空位更凶此廿四山總斷宜細玩焉

古鏡歌上卷終

玉函真義古鏡歌中卷

華亭、蔣大鴻、中陽子、平階、著。

吉安尹有本一勺子發義

△辨水路來去格。

水神衰旺有權衡。水路去來亦豈一。凶入吉中禍稍輕。寇來自有鬼孫敵。吉流凶處吉成凶。外賊不來家賊逸。初年禎祥後復凶。初年見禍後無病。陰龍水路要陽朝。陽

水流歸陰要匹。卒向前裁有定衡。三年五
年祿可必。
此辨水之去來。以斷吉中凶。凶中吉也。
凶方水來入吉中。如寇來侵內。一家骨
肉。同心協力。自能敵得他過。吉方流入
凶中。如寇在外邊窺伺。都未敢來。乃家
賊先反。家主孤懸無助。何以支持。此理
甚微。或吉流入凶者。管初年有福。後來

有災或凶流入吉管初年不利後有慶也。總要配定陰陽。收住陽神耳。一分子曰、陽龍要陰水配。陰龍要陽水朝。此三卦分之一卦。分陰分陽。真正配偶。為官疾、官可必也。

△

辨上下元、龍與同格局。

水光蕩漾固雄豪。龍局參差莫自高。富貴先前非不美。燕貽何處耀兜冑。北方斗柄建臨午。離位歪斜實用勞。水路東。環下元。格。上元酉。轉。樂。陶。陶。龍來兌位。局作卯一位元龍。先。巽。樟。如在元中非對待。聲名赫

奕肇基牢。

此節、辨局不同元者。發富而不發丁也。如下元、坎方有水。當取離方局上元酉方有水、當取卯方局。要之、上元酉環水。始末為龍局同元。如坎方有水。而離方

不合則非同元矣。但在元內之局。或兌或艮、或乾。亦為龍局同元。不必拘拘於對待之格也。

一句子曰、同元之局、發速。不同元之局、當將近交元之局。發遲而久。所謂先庚先甲也。

△辨卦運脩短訣。

逐元逐卦逐時遷。一正一催各廿年。坤艮

當權二十載。只因單卦為力偏。兌乾震巽為雙脉。兄弟和同功倍懸。離坎先天父母位。能包六卦福悠綿。單行一卦管三字。僅脉兩宮六字連。南北八神十二位。源流悠遠發無邊。

單卦、正運廿年。艮坤是也。至於乾兌震巽。一卦兼二卦之名。一正一催。上下各四十年矣。又乾能輔兌。巽能輔震。兌震亦能輔乾巽雙卦全局元大愈見悠久至於坎離二卦又先天乾坤之位總領六卦上下各有十二山位當權如逢南北二卦之吉自始至終無衰替不僅一卦管一卦及一卦兼二卦之方也一句

子曰此辨乾坤二卦之悠久即坎離二卦之悠久蓋方位以理氣後天卦位爲主理氣以方位先天卦位爲宗分先天

四男卦為上元。如乾為父。能總領震長男。坎中男。艮少男。則一白當令。即以先天之乾為第一。一句子曰、此句正義。雖以先天之乾為第一。其實又以長子為首何也。以長子能代父之職也。如後天之震。即先天之離。故仍以後天之離對坎為第一。得令者。以乾與長子同宮。故也。一句子曰、此段尚屬第二層解義。必如是方見通融。如先天之震。即後天之艮也。以先天之震為長子。故二黑當令。即以後天之艮對坤為第二。如先天之坎。即後天之兌也。坎為中男。故三碧當令。即以後天之兌對震為第三。如先天之艮。即後天之乾也。以艮為少男。故四綠當令。即以後天之乾對巽為第四。而屬在五黃之運。一勺子曰、五黃運、前十年癸令。後十年、乾令。然則先天之乾父。非特能管先天之震。而屬在先天之離。一勺子曰、先天離、在後天震位。而仍屬後天之離。一勺子曰、後天離、即先天乾。抑且能管先天之坎。而屬在後天之兌。一勺子曰、先天坎、在後天兌位。與先天之艮。而屬在後天之乾位著矣。一勺子曰、後天乾、在先天艮位。

分先天四女卦為下元。如坤為母。能統領巽長女、離中女、兌少女。則六白當令。即以先天兌。對乾為第六。而屬在五黃之運。一勺子曰、五黃無正位。以先天少男、少女、分司之。前十年兌、後十年艮。又寄位中五。坤宮。五黃管氣。坤坎有水、多敗。乾巽二宮有水、多發。謂之乾巽兩催之局。兌為少女。而屬在五黃者。以先天之兑。為後天之巽。而先天之巽。又為後天之坤。且凡長少女。皆為五黃故也。一勺子曰細玩此段是五黃運內。總以兑艮坤主之。而兑艮乾巽宜水。坤坎宜氣。也。如先天之離。即後天之震也。離為中女。故七赤當令。即以後天之震對兑為第七。如先天之巽。即後天之坤也。巽為長女。故八白當令。即以後天之坤。對艮為第八。如先天之坤。即後天之坎也。坤為母。乾父在首。坤母為尾。男女包在當中。故九紫當令。即以後天之坎。對離為第九。然則先天之坤母。非特能管先天、之兑。而屬在後天之巽。一句子曰、先天兑、在後天巽位。先天巽在後天坤位。而仍屬先天之巽。一句子曰、巽通坤。兑通巽。抑且能管先天之離。而屬在後天之震位。一句子曰、後天震、在先天離位。與先天之坤。而屬在後天之坎者也。一句子曰、坎後天、在先天坤位。大抵陽卦自長及少。陰卦自少及長。父母包在兩頭。男女包在中間。何也、以少者屬在五黃。故也。將先天後天。細細排來。則卦之理氣既明。而運之脩短亦明矣。提訣、詳在地理辨正。青囊經首卷註中。此則原其所以然故也。即楊公所謂顛倒顛之義。原其本、則平洋理氣原非顛倒。山龍理氣乃真顛倒耳。要之、非明敏過人者。不能悟此。

一勺子曰、一正一僊。如三碧管氣四運為僊。七赤管水。六白為僊。他若一運二僊八運九僊。可以類推。零水不吉。以其為死氣也。照水則有遠近之分。

干為陽。支為陰。子午卯酉。為支陰。屬天元卦。乙辛丁癸。是為干。乃是人元卦。與子午卯酉同。行為順。子午之局。故曰雙陰。僅為
蓋雖子午卯酉之

△辨山運廣狹訣

南北六爻坎離二卦、三卦包。四山十二是同胞。乾兌震巽四卦。共十二支、雙卦。其間亦有長短訣。子午卯酉縱無濶。乾坤艮巽原同論。宗祖本殊旁二爻。四正卦、四維卦、為祖宗。為父母。八干八支、為子孫。甲庚壬丙陽四軍。寅申巳亥雙陽。就局元寬濶不同途。發福長短殊薄厚。癸丁乙辛雙陰位。

天元父母卦而為陰也。甲庚壬丙乃子一局，故曰陽四位。乾坤艮巽為天元陽。屬天元卦。寅申巳亥居為支，亦是人元卦。巽乾坤艮巽同行為順子，局故曰雙陽。孰為其從。乾坤艮巽之天元父母卦而為陽也。若辰戌丑未為逆子一局，不與父母同行，故曰陰獨守。

辰戌丑未陰獨守。或偶或奇異樣看。抽爻換象隨機湊。

雙陰雙陽之位。其元本厚。惟單陰單陽之位。其元淺狹。發福不久耳。即辨子午卯酉之位長矣。八卦之祖宗。其運尤長。何謂奴。如寅艮巳巽之類陽、是也。單陰。辰戌丑未一位。独守独行之類、是也。大約一卦三爻。中一爻為本卦祖宗。其力甚大。傍二爻、逢雙猶厚。逢單則薄矣。
立穴之曉宜收其雙。不宜收其單。所謂
抽爻換象隨機湊也。
一勺子曰、收其雙。不宜收其單。亦惟視
局之可。以移易者。移易之耳。若生成單
陰單陽之所。不能一毫轉動。倘悞下之。
禍不旋踵。隨機湊三字。下得更妥。
辨立穴收水遠近訣

平洋立穴城門訣遠近看來要辨明大蕩大湖宜緩受小溪小澗急相迎淺深闊狹宜詳審十丈河形七丈衡一口西江吸不盡安技遠水鬼來横水光太逼喉嚨小出煞汲清禍福輕魚涸僅供升斗水縱然發福總無情量山裁水長短畢尺寸毫釐亦要精

此節言立穴輕重看相稱乃爲有福而

無禍。總要看河形河路。許多濶大者。亦
要。離。所。許。多。若水太大。而逼近立穴。西
江之水。一口果能吸得盡乎。口吸不盡。
身且為泛濫。而沉浸致死矣。如水口僅
有幾丈濶。立穴、遠岸數十丈。是為遠水
安坟死氣侵也。譬如魚涸已久。僅得升
斗之水。果能有濟乎。既無濟而四面死
氣。及來侵穴。是以有禍而無福。故毫釐

尺寸之間。總要精詳也。

一句子曰、尺寸毫厘。要氣氣與水相稱。穴與水相配。氣大脉。厚大蕩大湖。可配氣薄力淺。小溪小澗相稱。力小圖大。屏小力大。一差百悞。然不出而禍來。可勝歎哉。

辨穴星厚薄訣。

貼身水城是穴星。飛邊掛角穴安寧。但看

地勢薄和學雄壯卑靡在辨形廣大雄豪人物壯卑靡大概弱伶仃威嚴赫烈官職大淺秀文人但唧吟千里邦畿天子鎮封疆百里是偏廷更有一端分別處武出頭多秀出處

言平洋穴不是飛邊即是掛角但飛邊掛角之處形勢要雄壯則官職大財力厚若卑靡大概伶仃唧吟故天子邦畿

着眼

千里分行四方威及天下諸侯封疆百里未免競競守法振蠶之勢乃小耳倘誤認雄壯而錯到碩皮止出碩丁武士耳原以秀色為雄壯非以碩皮為雄壯也且色秀指生動有情非指卑隘也

一句予曰此段狀出大風大水局形

堆山下穴是平洋執定此說終邈茫地氣

浮宜淺葬深藏得力貴無方葬深葬淺看

石竟

十三

形勢雄壯分明深勢康如遇淺邊和泊岸
高山推起禍悠揚更看地勢吉凶異淺深
斷然有主張

言平洋穴星或淺或深下穴要看形勢
形勢闊大而厚實者宜深葬形勢隘狹
而卑薄者宜淺葬或推山或深藏總在
地上分明要之藏深發遲葬淺發驟故
平洋大槩多淺穴

一句子曰氣浮者界水處浅雄壯者界水處深浅边堆起厚處深藏是謂浅深得乘

辨坐穴隰濕法

平洋低蕩是朝宗亦要徘徊細看龍落低田與水道腐棺朽骨莫如凶徹徹濯下直龍息特下水槽氣不從非是病腫即癰脹逐虞丁少絕無踪縱然格局非凡品財

氣橫加到底凶。丁少財多何足貴。劝君不必築泥封。

言平洋下穴固貴低藏。然四面微微低來。而起者。是為真龍。棲息之所。若四面平平。忽到坐穴。或數畝。或幾丈。突然低了數尺許。非為低藏者。水塘長者水槽。真氣憩住。與穴星不連。築下腐棺朽骨。非腫病即脹病。縱水法合元合運。

屈曲有情。而究是不合。財雖多、丁以少

不耐也。

一份子曰、究不宜濕。特下水槽須落低

田。是犯濕字病。

古鏡歌、中 卷終。

玉函真義古鏡歌下卷。

華亭蔣大鴻、中陽子、平階著。

永寧尹有本一勺子發義。

辨穴忌空亾流神訣。

水神衰旺有權衡。立向那移要辨明。空位流神最易犯。一絲失察不容情。坤主巳翻臨飛向艮。寅位即移空位名。壬巨翻來算到丙丁方空位是門棖。若遇叉港支河擾。冲破陰陽多受虧。冲破陽宮男不育。陰宮冲破女不成。單宮冲着人財減。隻位冲來便少丁。更慮爲官多剝落。朝堂一到禍根生。功勳赫烈銘鐘鼎。只怕中途走徇熏。莫謂亂流如織錦。一逢此劫禍終輕。

此節言衰旺。全在乎水而立向、更要分明。以空位流冲。一犯、便多凶禍。何謂空、如坤壬乙。巨門從頭出。立坤山艮向。則

宜着眼

按乾坤艮巽空位俱在寅字巽卦空位在丁字上陽干五位空位在祿右一字陰干五位空位在祿左一字地支十二位空位在祿前一字

巨門翻在艮矣。艮為陽。順行。輪祿存到卯。則寅位。為九星所輪不着者。即為空位。如壬山丙向。則巨門翻在丙上。輪到祿存在未。則丁位為九星所輪不着者亦即為空位。如立乙辛山向。則巨門翻在辛上。辛為陰。逆行。輪祿到申。則庚位為九星所輪不着者。庚即為空位。空位之處。最忌流神冲破。流神。非城門之謂。

着眼

也。諸如支河、又港。或斜、倩而來、或橫豎、而出。總算流神、沖、破。沖破丁位、陰。斷女不生育。即生、亦不能長大。沖破庚位陽。斷男不生育。即生、亦不能結實。沖破丁位、一字單位也。丁雖少、未必全無。如辰翻臨在戌。子癸皆為空位。雙陰位也。若亂流沖破。則丁將盡無。世世有財而無丁者。大抵然也。丁少而富貴。亦為未減。

但無子易見財少卑賤不易見耳要之無論得失元運總不宜犯此忌也此金在立向之騰那流神之說比夫天元漏道之說更精一層

一句子曰室位流神墳宅易犯冲陽男不育冲陰女不成單宮人財減準位便少丁更慮為官有降級之害此楊公寶照三卦諄諄秘義至坤壬乙三例是水

龍起星正法。一個排來千百個。蓋變化寓焉。

辨吉星照臨訣 此節正論挨星。當細參之。

衰旺權衡操在水。初年改令在九星。水逢吉位星不吉。剋剝生宮地不靈。縱然發福減去半。即是大地亦無情。水臨凶位星還吉。抹倒凶宮禍少輕。宜死病遭亦自解。一勾子曰。水吉星凶。是抹倒吉。水福輕矣。錢

撥星〻法旨
着眼細看
便知

為脊走赴朝廷係到朝廷帝怒形是宜死
病遭亦自解之對面也莫称滅户被人驚
諸如離艮兑乾水運是上元吉氣生四位
排星誰是吉亦須一二三來臨巽山乾向
一端看破在午兮離不靈輔在坤方煞上
煞斷加兑位福亦輕貪在乾方吉更凶巨
論坎位制凶星祿在艮兮為吉照水逢吉
照始敷榮

下篇

卅九

此言、水固要吉。星亦要吉。水吉而星不吉。其禍輕。水凶而星不凶。其禍減。如上元離艮兌、三水之吉也。更將上元一白二黑三碧之星。輪在此三水上。其効始神。如立巽山乾向。無水朝迎之局。從巽輪起。離方雖有吉水。而破星臨午。便不能效。輔到坤、乃上元煞也。輔亦上元煞。是乃助紂為虐。弼到兌、亦為煞星。尅制吉

細看可悟揆星
妙訣

水貪在乾為上元吉水貪亦上元吉星是為錦上添花巨到坎為吉星尅制凶水祿到艮為吉中吉文到卯廉貞倩位在中逢廉總中如此推去自然不差二一句予曰此無水朝迎之局則武曲加弼破軍加午輔坤弼兌排去若有水朝迎之局則以文加癸武午破坤輔兌弼乾貪坎巨艮祿卯此值元之二局若逢

愚按、不值元之局、又翻用矣。是來朝迎之局。則武曲加巽、破軍加午。輔坤。弼兌排去。若云不朝迎之局。則以文曲加巽、武午、破坤、輔兌、弼乾、貪坎、巨艮、祿卯、排去故言翻用。

不值元之局。又翻用矣。此中真顛倒。有陽即是陽值元局。、一局。陽不是陽不值元局、一局。陽不是陽變陽初不值元局。後變為值元局。即是陽、一局。陽即是陽變陽初值元後變為不值元局。不是陽、一局。有陰即照陽局例推是陰、一局。陰不是陰、一局。陰不是陰變陰即是陰、一局。陰即是陰變陰不是陰、一局。各局正變各有四十八局之妙。

辨左右前後高低訣。

着眼

平洋立穴水為據實地高低當考稽百步之中喉舌地一絲失察幾如泥旺方昌拜從高下若遇零神又要低正要高厚氣乃到零如不洩煞乃齊若嫌太遠一邊削東地洩了氣真西有了西方低界氣西方煞氣不能騰有了東方昌拜意東方昌拜一齊攜此是堪輿微妙理願為世人一提撕

辨坐穴高低謂生方宜高高則其氣自

高而下潤於穴中也煞方宜低低則煞
氣不能自下而上且煞方低便能引動
生氣自高而下又能界住高方生氣不
走如上元西為煞方東為生氣西方徽
低煞氣不能來東方徽高昌拜生氣乃
能聚也但以水神立穴而不辨實地高
低便斷其為大富大貴大丁大財倘高
低一差錯而富貴不能應丁財已減光

矣。今人往往言某邊大洩者，未知此理故也。此昌拜乃指卽拜氣，非指昌拜水也。

一勺子曰、此段是看陽宅，一定不移之規，陽宅亦宜細看。

穴前忌流神水訣。

平洋不怨濮頭水，割脚水來卻自憂。隱隱田間流水通，如逢此，切斷生愁。時師只說

水来聚果曉穴前冲散否離穴滿尋不得處天心水聚自然悠

言穴前田間隱隱水路割脚兩冲生氣若離穴滿尋便非割脚名為水聚天心反能致富

一句子曰離穴滿尋自無割脚之處倘龍真穴的當提高取之

症神忌流神冲破訣

形沝割脚自無憂方屬正神當遠眺如遇水溝與水口橫過暗口禍難了龍身百步要完全冲破來時氣始小誤認灣環稱妙局傷丁竟要初年天零神河內更流神官上加官福祿饒

言正神、忌水溝、水口、冲破若在零神則內有港外有河各為外羅城內羅城而妙中又妙也一句子曰。百步以內。無流神冲破。無水溝暗口。百步以外。則無論矣。蓋流神冲在近凶。在遠吉。若在百步以外。及謂之外羅城。可以加官。百步以內。主初年損丁。零神方、有水溝、水口、冲破。反吉。

辨送水歸塘格

水神環繞貴殊尤。送水歸塘禍始悠。而馬同槽雙水路。歸塘送水暗中求。隔河萬頃低田照昌拜来朝，穴自休頭頂水輪。并低照穴朝昌拜，氣兜收乾官輪角車轉。秀對岸低田水聚流，此是平洋竒妙格。尋常豈得漫同傳。

言水輪環抱，固是貴矣。而水輪之處，隔河低岸對田之水，来聚水之處、下穴。以頭頂水輪，與隔河對岸低田，各為送水歸塘，有似兩馬同槽者。但兩馬同槽，是明明兩條河路。雙雙環抱。顯而易見。送水歸塘。是一條河路。對岸低田。隱隱水聚相從。或低數尺。或尺許。不比明河。故曰暗相求。即如乾方轉角。對無數低田。作巽山乾向。又非送水矣。

一勺子曰、此即癡從後蔭作幹。小流嫩枝成局。大水引小水之說也。云隔河萬頃低田。却在腦後。穴朝昌拜氣來。以頭、

着眼

頂水輪從腳受氣也。

辨砂吉凶格。此與辨前後左右高低訣段當參互詳玩，要從不合處看出合處方妙。

穴得水者不用砂。有砂護衛亦是之佳。零神低伏非高起。界生迎煞終是差。正位高翔偏踴躍。能回煞氣旺神遮。十寸長尺短宜詳辨。失察絲毫即禍芽。横蓋穴前稱妙格。兩邊拱抱護輪車。若還四面尖對射。誤認文峰一堪嗟。此再與下辨屋箭吉凶段參互印證。當是穴突起砂故在零方。正位凶者百步遠看高翔言零神之砂宜高正神之砂宜低零砂不高則煞氣迴風而逐生氣高壓而掩蔽也又要觀其形象蔚為羞砂左右為護砂秀麗生動自然合吉若火形四面射來則凶更甚

一句子曰正位有砂反阻塞生氣回轉煞氣平洋最不相宜四面尖射尤為凶格

辨屋箭吉凶格。

矗矗樓臺殿宇高。死生旺衰察秋毫。挨星既定零正訣。近遠看来休氣噪。返氣廻風能不變。吉凶禍福應時遭。若還返轉隨機變。吉不吉兮。凶可逃。一脊射来一代殃。兩重脊射兩時豪。衰宮冲起翻来看。一脊儼如一把刀。大約旺宮多吉曜。一逢衰死便憂勞。百步之中宜審察。何須以外口嗷嗷。

此言屋宇高起。名曰嶠星。若在零神。能庇蔭穴星。若在正神。便成曜煞。蓋要看遠近之分。若在百步之外。則所回之風。所返之氣。沖到穴中。皆已變換。吉者非吉。凶者非凶也。如屋宇在乾。穴巽。氣沖乾。到乾方屋上。撞牆而轉回。百步以內。未能變換。猶為巽氣。若百步以外。立離穴。包遠。回到穴中。仍變為乾氣。所又非惡巽

着眼

氣矣。餘類此。

一句子曰、樓臺殿宇。是伴。鄰。借。氣。之。法。

一近。一遠。禍機。福機。出。馬。可不察乎。

排墩草吉凶格。

莫以堆泡（就近穴處言能發熱氣）尋龍脉。三尺高時即是星。如在零神能庇蔭。一逢正位（是陽生氣）便遭刑。更看形象。土鈴秀。木、與火、兮。總不。宜。失、首、旺宮。也。要。避。衰宮秀麗。亦。伶。仃。時師只說龍栖處。誤盡家財傷盡丁。

言堆高三尺。便成星体。能操禍福之權。謂在零神。能為吉。謂在正神。便凶。要看形体。或土。或金。旺宮有福。變則有害。如木與火形。旺宮。且要避。衰則不必言矣。

一勺子曰。墩泡樓殿。總宜金水土三吉星。形。若作火木形。總皆尖銳。宜避。

橋

嶠星矗之休囚種。如遇橋梁禍福。從之。立

二句是將嶠星伴說 下方星辨嶠吉凶

雄峙能引氣。正神兵凡生機蘊。百步遥

之吉凶

尤生厄。墩渔沂灃寧無恐。旺宮冲起擎天

此句將墩渔伴說 二句正言嶠之吉凶

柱。衰死冲來凶惡宗。石與木兮猶覆擁。木

橋不似石橋重。墳前立桂碑坊愁。其義寧

殊。橋路蹤。

承上文屋宇堆渔嶠星矗之。固為禍福

之柄。至於橋梁更甚。衆人往來走動。其

細看

機更活。在正神能冲起生氣。零神能冲
起煞氣。故得時則吉。失時則凶。百步以
外尚能吃煞。況近照乎。至於墳門豎立
牌坊。則一樣論也。
一句子曰、嶠星之高大者屋宇。橋梁之
往來者人跡。二者須當分別。橋梁宜在
生旺方能引動生氣。嶠星宜在衰死方
能遮斷死氣。

愚按、元字、当是聖祖廟諱本字。故云陽神三摺穴前縈。元字於例推應同。

路

路能界氣亦能迎。當與水神一樣評。大路湾。環。元。宍。脉。陽神三。摺穴前。縈。宜來直。去。無。生。意。乙字湾。身。最有。情。合着旺。宮。幇着。水。愈多愈美。福。干。貞。細膝小陌宜詳審。衰運來時土箭名出煞。収山全躲避。方許羅仙陸地行。

言路、亦關風水。生、旺、而湾環、則吉。衰、死、而直硬則凶。如得旺宮之水。又得旺宮之路。以助之。發福愈大。至於田間小路。亦當細看。若死、宜射、來。名爲土、箭。亦當躲避。始吉。不然、難免吐血之病。

一勺子曰、路之生、旺、者。層々自高而下。归結到宅。作。氣。論。路之衰、死、者。層々自低下而去。引動對宮之生氣到宅。徐水論。反是、則凶。

妙局

垻音霸障水堰也从貝不从具

水輪轉（遮住生氣）處堤防。有了堤防生氣傷。調在旺宮福減半。如逢衰死（遮住吉水）便參商。苟非滴瘺聾和啞。折腰瘂背總是缺。若是滑流生氣散。一逢堤垻小盈裏連珠不算稱妙局節節相連走小塘。此屬平洋奇妙格。切勿錯說細擁詳。

言水輪之處不可有垻有垻即間斷生

着眼

氣。不出癐瘍。即出啞子。至於滑流之水。有垻攔住。又屬甚妙。更有聯珠格。如池塘六七八口。節節聯來。中間似乎斷腰。此非垻也。不可誤認而棄此妙格。一勺子曰、水輪轉處。是在來水。故不宜垻。滑流氣散。是在去水。故宜垻。聯珠小塘。來去皆吉。故不算垻。

井

井蛙雖小氣冲天。掌訣挨星不可愆。挨着旺宮氣滿。尙逢衰死穴心穿。生時秀麗愈文章。煞氣冲冲天際懸。若非痴癖即首矣。切忌墳塋井底邊。百步之中宜遠避。先天斷定禍相連。

言井在生方。美勝文章。在衰方。患過惡曜也。

一勺子曰、先天斷定之是萬卷青囊一部

古鏡斷驗總訣也。

牛池糞窖。

諸凡惡曜都能化。糞窖牛池不可連。芳馥一逢臭氣散。十年猶臭莫能蠲。臭陽來達朽棺骨。汙穢閨門定不愆。不論死氣生方避。敗壞家風須舍旃。

言諸凡星骸都有生旺可論。惟牛池糞窖。只有凶而無吉。一見總宜避也。

一句子曰牛池糞窖只宜在百步以外
或在偏僻處亦可若在顯而易見之地
總不相宜

田角

水神實地宜星骵田角參差總要看水形
金形和土德自能護衛亦堪安若逢尖峰
如火射縱然合運亦辛酸一峰一射一兇
惡如遇兩峰兩子寒更看反弓與坳進反

着眼

弓家賊先自殘。再觀坳進來宵小。日夜隄防怕不完。

言田角尖鋒四射。最非佳格。向朝田角。亦要金形土形。至於左右兩旁。亦宜員潤。如見尖鋒簇簇。定傷小口。反引而出者。定生家賊。凹凸之形而進。必多外溢。論至此微妙極矣。

灰塘

灰塘雖小不宜輕。三尺低時亦是星。堆泡嶠峰同此論。一毫察及許通靈。若還開破穴星体。總算破軍定傷丁。穴前穴後宜飽滿。七灣八缺必安寧。

言灰塘與堆泡同論。其白明矣。更有穴前穴後。七高八低。七凹八凸。雖在旺方。總屬破軍。切不可認為吉曜。

水路

反弓之水實堪憂。要當飛砂一樣愁。反出不回僧道類。如逢回轉客商遊。風吹婦女走阡陌。賊盜憑陵恐不休。出仕之人定剝落。還遭公事半徒流。都天寶照無人參。合着何宮效自酬。

言反弓之水。與山上飛砂同論。其凶莫甚。然其凶必以某山在何卦位上。則如此應某山。如彼應某卦。

正神之水，是言水合元運者，是吉水，故曰正水。反元運者，是凶水，故曰零水。總之零正催照四水，實陰陽二宅之大關鍵。

總論

水輪環處患叉河。一句乎曰、正神之水。最忌叉河。若在零神。又為喜神。天下無棄物。亦無棄材。唯用之之時。相其宜忌、可也。丁後丁前總有病。即叉河水、如丁字樣。即不出卦真氣散。如逢越卦見殘多。即不出卦尤忌。況出卦乎。高岸尖尖峰亂射。崇牙體象禍成窮。七叉八不皆流破。一枝一射、一操戈。尖尖、即是火形。旺宮亦避。崇牙亦是火体。七义八了、明流暗口、皆忌。莫以旺宮貪遠照。破軍星体、潤滂沱。凡金水土、三吉星。有漏道义了、流神、即為破軍、不可用。手是傷殘無小口。禿頭、皆聲類斧柯。極言其凶。會同嶠星論休咎。要看何宮應不訛。言百步以內。要星体完全。如高岡河道。了了义义。如崇牙樣。其凶莫甚。皆與嶠星同看。在某位、則某人、妨。某位則某處應也。故下文遂露分效、一端云。

諸凡破体看何位。二十四山逐位量。壬子癸中逢此刼。定煞家母禍來償。偏位居癸、婦人受。倚在壬、方男子傷。八卦排來同論斷。一到人墳曉吉昌。

此總承上二節。言諸凡惡曜。固甚凶矣。煞其凶處。要看其處。某人承當。即如坎

先天八卦為主

卦。乃先天之坤也。故云家母。癸為陰。故云婦人。壬為陽。故云男子。且要看八卦屬人身之中。屬何体。如艮為手。定要傷手。震為足。定要傷足。離為目。定要傷目之類。是也。然總要以先天八卦為主。先天之離。即後天之震。交河界隔。即以斷其為目疾也。八卦覆墳之訣。春光盡洩於此矣。八卦屬人身之義。詳在易經繫辭。可考。

一句子曰、余四秘書理函。已將荀九家
洪範。合刻行世矣。其義更為詳晰。

楊公妙訣秘枕中。口授無書寶惜深。我為
註明掌中訣。更將餘意括歌吟。言言總是
先賢授。半點絕無杜撰心。遇着禍緣無亂
洩。深藏寶秘是同音。

言楊公妙訣有口授無書傳。我既以要

訣。註明辨正書中矣。但福緣遇着。必深
藏寶秘。是為同音耳。
汪稼門中丞曰、雲間、蔣大鴻。得楊曾一脉
心傳。著有地理辨正。古鏡歌。天元五歌。
等書。余閱之久。而不得其挨星下卦交
媾之秘、訣。每詢問天下之學楊曾賴蔣
之學者。亦復茫然。甚至以三合解之。尤
謬。西江永寧尹一句子。感予知其名。敢

其書。於乙丑十月二十有五日、到桐城
為卜壽藏。越日雪霽。一至鵲峰山下。即
得之。是不須樵夫腿而自具神仙眼矣。
並覆予各處先塋。一併繪圖立說。攜來
金閶節署。叩知有口訣而無成書。適有
驗收京口河之役。與偕行舟中。促其口
談之。予隨手錄之。遂至成帙。因提辨正
補義。古鏡發義。五歌等書中。最關緊要。

閱此書者當反覆審思精心玩味方能有得而或至融會貫通之識耳

互相發明者。無不脗合。印徵其訣。然後知形家書說半。畱半。而義本互見。其秘訣原不出。語言文字外也。特非專門名家。久於其道。不能融會而貫通之耳。

古鏡歌下卷終。